◎内蒙古自治区赤峰学院服务赤峰市经济社会发展应用项目课题研究成果

U0644559

0~3岁婴幼儿早期教育活动的设计与实践

张海燕 石 琳 李 娜 主编

中国农业出版社
农村读物出版社
北 京

图书在版编目（CIP）数据

0～3 岁婴幼儿早期教育活动的设计与实践 / 张海燕，
石琳，李娜主编 . —北京：中国农业出版社，2020.6（2022.3 重印）
ISBN 978-7-109-26613-1

Ⅰ. ①0… Ⅱ. ①张… ②石… ③李… Ⅲ. ①婴幼儿
—早期教育 Ⅳ. ①G61

中国版本图书馆 CIP 数据核字（2020）第 032549 号

0～3 岁婴幼儿早期教育活动的设计与实践
0～3 SUI YINGYOUER ZAOQI JIAOYU HUODONG DE SHEJI YU SHIJIAN

中国农业出版社出版

地址：北京市朝阳区麦子店街 18 号楼
邮编：100125
责任编辑：孙利平
版式设计：杨 婧 责任校对：吴丽婷
印刷：中农印务有限公司
版次：2020 年 6 月第 1 版
印次：2022 年 3 月北京第 2 次印刷
发行：新华书店北京发行所
开本：787mm×1092mm 1/16
印张：11.25
字数：264 千字
定价：48.00 元

编 委 会

主 编：张海燕 石 琳 李 娜

编 委：（排名不分先后）

付立巍 张颖群 王 芳 张晓艳

前　言

2011 年 8 月，国务院颁布的《中国儿童发展纲要（2011—2020 年）》中强调指出"积极开展 0～3 岁儿童科学育儿指导"。党的十九大报告也提出"幼有所育"的新要求。随着脑科学、心理学、学前教育学研究与实践的不断发展，社会各界对早期教育的关注度越来越高。婴幼儿的生长发育离不开丰富的环境刺激和成人的引导，这些都能促进婴幼儿在感知、运动、语言、社会交往等方面的发展，是提高儿童生命质量的重要保证。本书旨在让读者了解 0～3 岁婴幼儿身心发展的规律和早期教育的基本理论，指导教育者学习科学育儿的知识和方法。

本书主要内容由理论部分和早期教育活动设计两部分构成。理论部分包括0～3 岁婴幼儿早期教育的理念、理论基础和各领域身心发展的介绍。早期教育活动设计以主题式教育活动为主，整合了感知觉、认知、语言、精细动作、音乐、大动作、社会交往等活动。

本书的第一个特点是**理论体系构建与教育活动设计的对接**。本书理论部分详细阐述了 0～1 岁、1～2 岁、2～3 岁婴幼儿的感知觉、认知、语言、精细动作、大动作、社会交往等相关理论和心理发展领域，并围绕这些特点设计了相应的认知、语言、精细动作、音乐互动游戏和感觉统合训练等早期教育活动，以婴幼儿熟悉的动物、生活、自然为主题，将所有活动整合在一起，既有一定的理论性，又有可操作性；既有针对性，又有整合性；既有科学性，又有趣味性。

本书的第二个特点是**早期教育活动设计方案与实践活动操作的对接**。本书的早期教育活动设计方案中细致地介绍了教学活动流程的各个环节、每个环节的教师指导语以及该环节可利用的教学道具、音乐、感统器材等，对于初学者来说，简单易懂，便于操作。

本书的第三个特点是**早期教育、教学与家长需求的对接。**书中的早期教育活动设计案例是在专业教师的指导下，由家长带着孩子感受和体验，经过不断的修订和完善，形成了现在的活动方案，既可以满足师范院校、高职院校教育、教学的需求，又可以满足家长对早期教育的认知和操作需求，将家长、婴幼儿的需求与高校教学有机地结合在一起。

本书可以作为幼儿师范院校、职业院校早期教育专业的教材，也适用于早教中心、亲子园、亲子俱乐部、儿童活动中心等机构开展教学活动进行参考，还可以为广大家长科学育儿提供理论支持与实践指导。

本书由内蒙古自治区赤峰学院学前教育与特殊教育学院张海燕、石琳、李娜主编。参与各章编写任务的教师如下：第一章、第二章王芳；第三章第一节至第五节张颖群，第六节张颖群、张海燕，第七节李娜；第四章第一节至第五节付立巍，第六节石琳；第五章第一节至第五节付立巍，第六节张海燕；张晓艳参与了早期教育活动框架与部分案例的设计。

本书中早期教育活动的设计、组织与实施等工作得到了内蒙古自治区赤峰学院服务赤峰市经济社会发展应用项目（cfxyfc201807）的资助，得到了赤峰市红山区、西城街道、红山郡社区的支持。感谢赤峰学院学前教育与特殊教育学院2016级、2017级学前教育专业的学生，他们在早期教育活动试验、教具的制作、拍摄方面做了大量工作。

由于编者水平有限，书中难免存在一些不足和纰漏，敬请有关专家、同行和使用者予以批评、指正。

编 者

2020 年 2 月

目 录

第一章

早期教育的概述

第一节　早期教育的含义和内容

一、早期教育的含义

《中国教育大百科全书》中提到"早期干预是世界各国教育和社会福利系统的组成部分"。早期教育（以下简称"早教"），广义上是指对0～6岁婴幼儿进行与其生理和心理发展相适应的教育活动，狭义上是指对0～3岁的婴幼儿进行与其生理和心理发展相适应的教育活动。而本书研究的是狭义上的"早教"。学术界将0～3岁儿童定义为"婴儿""幼儿""婴幼儿"，说法不一。本书通常将0～3岁的儿童统称为"婴幼儿"，更为详细的划分是：0～1岁儿童称为"婴儿"，1～3岁儿童称为"幼儿"。

二、早期教育的内容

（一）认知能力

认知能力是指人脑加工、储存和提取信息的能力，即我们通常所说的智力，如观察力、记忆力、想象力等。人们认识客观世界，获得各种各样的知识，主要依赖于人的认知能力。对于传统的教育理念而言，教育者通常认为婴幼儿的智力发育是被动接受的，需要教育者进行灌输，婴幼儿只需通过机械记忆就能将知识印刻在头脑中，等待日后信息的提取。日后，婴幼儿需要进行信息的再加工时，很多婴幼儿会表现出手足无措。因此，机械被动的记忆并不能有效地提高婴幼儿的认知发展水平。通过观察、研究，我们发现智力是缓慢地从外部发展起来的，外部印象在心理区域里"定居"，并通过相互间的联系，慢慢地结合起来，这就构成了智力。

（二）语言表达能力

婴幼儿的语言表达能力最初表现为我们所说的孩子会说话了，成年人总是会说："只要和会说话的人在一起，时间长了，婴幼儿自然而然地就会说话了，这需要特意教吗？"心理学家发现，婴幼儿的语言发展是他和社会联系的必要本领。有了语言，婴幼儿才能与小伙伴交往，分享快乐，交流情感，发展其社会性行为和品质。因此，重视婴幼儿语言的发展具有重大意义。另外，研究发现，语言和思维密不可分，婴幼儿思维能力发展必然与语言发展同步。0～3岁是婴幼儿语言发展的关键期，是奠定语言基础的时期。家长和教育者通过视觉、听觉刺激及不断的语言练习能够加快婴幼儿语言能力的发展。

（三）运动技能

《心理学大辞典》是这样定义运动技能的："运动技能是指通过学习而形成的操作活动方式。调节、控制着操作动作的执行，是一种动作经验而非认知经验，同时又有别于心智技能，具有物质性、外显性与展开性。"由于婴幼儿身心发展的不均衡性，0～3岁的婴幼儿身体机能始终处于一个高速发展的阶段。因此，这一阶段，需要根据婴幼儿的实际发展情况，制订相应的运动时间和内容，主要包括精细动作和肢体运动。在运动过程中，可以促进婴幼儿实际的动手操作能力，增强婴幼儿的自信心、专注力以及感知觉协调发展。随着婴幼儿年龄的增长，可以通过游戏或比赛的形式，激发婴幼儿的竞争意识、团队合作意识以及顽强的意志力和忍耐力。

（四）艺术才能

艺术才能是艺术创造主体创造艺术美所具有的各种能力总称。在本书中，首先，0～3岁婴幼儿在奥尔夫音乐启蒙和听觉器官的作用下，感受音乐的律动与节奏，能够随着音乐节奏挥动自己的小手、扭动身体，进而接受稳定的节拍和音乐素养的渗透；其次，通过绘画、手工等美术活动可以培养婴幼儿感知颜色，感知多种颜色变幻带来的视觉享受，以及在此过程中激发与扩展想象力，甚至可以锻炼语言表达能力；最后，通过音乐、美术及作品欣赏相结合的方式，刺激婴幼儿的感官，使其各个感觉器官能够协调、统一地发展，从而促进大脑认知的发展。

（五）社会交往与个性

从生命诞生之日起，婴幼儿就在慢慢地适应社会。只有不断地融入社会，参与社会行为，才能掌握这些社会交往过程中的技能。而这些技能并不是婴幼儿自发习得的，是需要教育者和家长给予积极、正面的引导及教育，才能使婴幼儿认识到什么行为是亲社会的，是符合自己身心发展的，是可以在一段关系中保持良好状态的。当某种交往能力让孩子产生抗拒后，我们要暂时停止这种行为，等孩子表现出可以接受时，再进行积极的引导，否则会让孩子产生厌烦的心理状态，甚至产生不良的心理压力。

现在，越来越多的心理学家和教育学家研究发现，一个人的个性发展影响着未来的发展。心理学家加德纳提出的多元智能理论认为，评判一个人成功与否不能只靠学习成绩，每一个人都有其擅长的技能，包括数理逻辑能力、体育运动能力、音乐节奏能力、社会交往能力等八项智能。因此，作为教育者和家长，要善于发现婴幼儿身上的闪光点，重视其拥有的不同智能，有计划、有目的地教育、培养、开发婴幼儿特有的智能。

第二节　早期教育的特点

一、早期教育适应婴幼儿身心发展的规律

人在一生的成长过程中，身体和心理的发展在不同的年龄阶段呈现出不同的特点。对于早期教育而言，0～3岁的婴幼儿无论是身体生长、发育，还是心理活动的发展，都有顺序性和阶段性，所有的能力发展也都有其相应的发展关键期。例如，13～24个月的幼儿正处于语言发展的爆发期。因此，这一时期，不论是在专门的早期教育机构或是在家

中，都应该侧重于与幼儿之间的语言交流，通过讲故事、听音乐及绘画等多种形式更多地引导幼儿进行语言的模仿及自我意愿的表达，以此来加速语言能力的发展。再如，我们常常听到"要从小培养孩子的独立性及自理能力"这种说法。从小也就是当婴儿1岁后开始有"我"的概念后，幼儿自我意识逐步形成，这时就要有意识地锻炼和培养孩子的独立性和自理能力，尊重孩子的意见及想法，在他能达到的能力范围内，允许他自己收拾玩具、自己动手穿衣服等。婴儿1岁的时候逐渐认识到自我，到3岁左右能逐渐感知作为一个社会人的自我。在这一发展阶段内，他会对自己的物品更为在意。这一阶段，千万不要强迫孩子与他人分享玩具。

二、早期教育尊重婴幼儿个体发展的差异

之前我们提到，婴幼儿在发展过程中的特点是有顺序性与阶段性的。比如，我们常说的婴儿"三翻六坐九打爬"，也就是从出生开始，婴儿3个月会翻身，6个月会坐着，9个月就能爬行。但在这个规律面前，因为个体的差异性，有的婴儿在发展过程中会出现提前或错后发展某项技能的现象。因此，我们在早期教育过程中，一定要注意到婴幼儿发展的个体特殊性，要有针对性地对这些婴幼儿进行适当的教育活动，而不可一味地、教条地唯书唯上。

因此，在早期教育过程中，教育者或者家长一定要注意到孩子发展的不同之处，发现孩子的闪光点，不要过早地给孩子贴上标签，要从内心深处接纳孩子。

三、早期教育激发婴幼儿的兴趣

早期教育活动中应遵循婴幼儿的兴趣点。由于婴幼儿年龄阶段的特点，无法完成高难度、高强度的理论知识学习，因此，这一阶段的教育活动应以激发婴幼儿兴趣为前提，通过游戏的方式，使其主动参与并能积极与教育者或家长进行互动。特别是不足1岁的婴儿，走路还摇摇晃晃，无法做到长时间地学习，但遇到引起他们好奇、产生兴趣的事物，婴儿可以长时间观看并参与其中。对于婴幼儿而言，学和玩是一样的，益智的活动就是学，有趣的学习就是玩。因此，父母应顺应孩子喜欢玩的心理特点，在"玩"字上用心，让孩子在玩中学。这样，不管玩得简单还是复杂，有用还是无用，不管是课内还是课外，孩子都会无意识或者有意识地记下来，并逐渐领悟、运用。

四、早期教育注重游戏与生活的结合

婴幼儿期的孩子处于探索期，他们对一切好玩、有趣的事物充满了探索欲。婴幼儿由于经验不足，只能领会与自己生活息息相关的事物。因此，在进行教育活动时，要尽量从生活中选择实物教具，让孩子能够亲身体验并参与，以便于形成自己的学习经验。比如孩子喜欢吃饼干，可以告诉他这是什么饼干，当孩子想吃时，就问他要吃什么饼干，并让他自己寻找；如果父母时间充裕，可以经常带孩子出去转一转，让孩子熟悉周围的环境等，这些都会让孩子感到新奇，并乐于配合父母学习。作为早期教育者，在从事专门的教育活

动时，也要选择并制作与婴幼儿生活相关联的实物教具。

第三节　早期教育的价值

《国家中长期教育改革和发展规划纲要（2010－2020年）》"第三章　学前教育发展任务"中强调应"重视0～3岁婴幼儿教育"。0～3岁婴幼儿教育被国家正式列入了中长期教育改革和发展规划中。中国教育科学研究院学习科学实验室孟万金教授接受《中国教育报》记者采访时表示，近几年，由他牵头的幸福早教课题组致力于研究0～3岁儿童学习与发展的教育建议，取得了初步成果，希望能为父母及早教工作者提供科学指导，补上早教短板。由此可见，早期教育对于婴幼儿的成长有着重要意义。

一、激发婴幼儿大脑先天潜能的发展

脑科学研究表明，0～3岁是大脑发育最快、可塑性最强的时期。从婴儿诞生之日起，大脑就具备许多潜能和特质。有些天赋异禀的孩子长大后未能有所作为，非常重要的一个原因就是其0～3岁时早期教育的缺失，没有通过良好的早期教育将其潜能激发出来。相反，那些卓有成就的精英们，多数在婴幼儿期就接受了良好的教育。当然，早期教育不一定能把所有的婴幼儿都培养成某一社会领域的精英，这样的孩子毕竟是少数。多数婴幼儿只能通过早期教育开发某些方面的潜能。对于婴幼儿来说，给他较好的教育环境和条件，潜能就能最大限度地被激活。对孩子教育得越早，越能充分地开发孩子的潜能，取得的效果也就越明显，孩子长大后成功的机会也就越多。

二、了解并促进婴幼儿关键期教育的效果

关键期的概念最早是由奥地利生态学家康罗德·洛伦兹提出的。他在观察鸟类的生活习性过程中发现：它们会在出生后某一特定时期追逐同类或非同类物种，而过了这一特定时期后，就再也学不会这种行为了。因此，这段特定的时期被称为关键期或者敏感期。

随着更多的心理学家和教育学家对关键期的探索，很多家长在教育孩子的过程中也逐渐地发现，很多知识、经验的传授，并不是一味地教、一味地强迫孩子记忆就能够掌握的。在孩子成长过程中，作为教育者或者家长要了解每一个关键期在孩子身上的不同行为表现，由此来判断一个孩子是否到了习得某项技能的关键时机。在关键期，对于孩子的教育只需要启发式引导和必要的练习就能够达到事半功倍的效果。

三、塑造婴幼儿后天素质的形成

17世纪英国唯物主义哲学家J·洛克在《教育漫话》一书中提出了著名的"白板说"，即人的心灵犹如一块白板，上面没有任何记号、没有任何观念，观念不是天生的而是后天获得的。从"白板说"中，我们可以看到，他认为我们后天所有的知识都是建立在经验之

上的，知识归根结底来源于经验。众所周知，一个人从小养成的行为习惯对日后的学习、生活有着十分重要的影响。而大家所说的"从小"便是从婴儿一出生开始，就要规范各种行为。例如，饭前洗手、吃饭时要细嚼慢咽、过马路时遵守"红灯停、绿灯行"的交通规则、见到熟人时要打招呼等，使一个自然人逐渐成长为一个社会人。孩子随着年龄的增长，社会性的品质也在不断习得。0～3岁阶段，婴幼儿心理品质的发展尤为重要。教育者和家长可以引导孩子学会分享，享受分享带来的快乐和满足，并逐渐学会分享他人的喜悦和悲伤；尽量与孩子进行有效的沟通，关注孩子的情绪变化，及时共情或疏导，以培养孩子正确、合理的情绪、情感，学会表达；平等地对待婴幼儿，尊重婴幼儿的每一个想法。家长多以鼓励婴幼儿为主，帮助婴幼儿分析问题、解决问题，使其形成良好的人格。在整个教育过程中，应该重视学习的过程而非结果，让孩子快乐成长。

第二章

早期教育的理论基础

在我国，0～3岁婴幼儿的早期教育活动已经逐渐被人们所接受，无论是教育专家、学者还是普通百姓，都开始认识到孩子从出生开始就有必要进行与之身心发展相匹配的教育活动，以此来刺激或延长某项能力的发展。婴幼儿在早期教育机构中或是在家中，进行早期教育活动都不是盲目地、激进地拔苗助长，而是在婴幼儿心理发展相关理论的指导下，遵循其身心发展特点而逐步进行的。下面的内容将着重叙述0～3岁婴幼儿早期教育的理论基础。

第一节　皮亚杰认知发展理论

让·皮亚杰，瑞士人，近、现代著名的儿童心理学家。他的认知发展理论成了儿童心理学的重要论述。他一生著有六百多本专著，发表了五百多篇论文。他曾经去过许多国家讲学，获得了几十个"名誉博士""荣誉教授"和"荣誉科学院士"的称号。

一、皮亚杰认知发展理论中的概念

皮亚杰对人的认知发展过程进行了系统的研究。对于儿童而言，当他能够直截了当地通过动作或行为去感受周围环境时，他的思维是跟着变化的。因此，儿童的大脑也在不断地进行着结构变化，以此来适应周围环境的变化。

（一）图式

皮亚杰的认知结构是指思维或行为动作的一种组织化模式，个体通过建构这样的模式生成与自己相关的经验。皮亚杰一般用"图式"来表述认知结构。婴幼儿的认知图式建构过程本质上是一种发展、变化的过程。在生活或学习的过程中，儿童逐渐地接受并改善自己原有的认知结构，适应或形成新的认知结构，以此来了解世界。在这个接受并改善的过程中，婴幼儿需要用原有的认知结构去同化面临的新问题，经过大脑的一系列协调与发展，使认知结构达到平衡状态，这就是儿童认知结构的基本过程。每个人的认知过程都是从最本能的实际动作行为与周围世界相互作用的。比如，新生儿吸吮行为的出现及抓、握奶瓶的行为都是通过动作去感受周围环境，从而在大脑中形成关于如何喝奶的图式。每个人都是从这种本能动作开始，逐步发展成高级的认知活动。随着儿童年龄的增长和经验的丰富，他们开始认识到符号对具体动作的替代作用，可以在没有具体实物操作的情况下进行符号图式的认知行为。当儿童的具象思维开始抽象化后，便能够将抽象的逻辑关系通过高级心理活动梳理、总结，并得出结论。比如，对于质量守恒概念的理解，一名5岁的幼儿对于相同容量的水放在大小不同的杯子里、容量仍然保持不变是难以理解的，但对于9岁的儿童来讲，他们轻而易举地就能得出这一结论。那么，在形成认知图式的过程中有两种不同的方式，分别是同化和顺应。

（二）同化

儿童在形成自己的认知图式过程中，首先发生的就是同化。也就是面对新环境时，儿童运用头脑中已有的图式来解释新经验的过程，或者说儿童将新的经验和刺激纳入到自己的头脑中。比如，当儿童头脑中有了"鱼"的概念后，看到能够在水里游的、没有脚的生物，都会认为那是鱼。也就是说，同化的过程，其实是在丰富儿童头脑中已有的认知经验。对于儿童来讲，是相对简单的认知过程。

（三）顺应

在认知图式过程中，与同化相比，顺应则是相对复杂、更为高级的认知过程。比如，儿童头脑中有了"猫"的概念后，第一次去动物园看到了老虎，他会认为这是一只大猫，而当成人告诉他，老虎和猫的区别后，儿童的头脑中就会对已有的经验进行重组，从而形成新的、关于"老虎"的图式，进一步丰富了原有的认知图式。因此，顺应就是通过改变自己已有的认知图式来丰富和完善新经验的过程。如果说同化是量的积累，那么顺应就是质的区别。

（四）平衡

皮亚杰认为，儿童的心理发展过程就是不断地对已有的认知图式进行丰富或改变。当儿童受到新的刺激时，认知发展过程就是从不平衡的状态逐渐到达一种平衡的状态。儿童只有实现在同化和顺应两种不同认知图式的转换，才能使自己不断建构和完善自身的认知结构，提高认知水平。儿童寻求平衡状态的过程，其实是对环境新刺激逐渐适应的过程。在新环境、新刺激面前，当儿童能够比较顺利地进行同化时，其自身会处于平衡的状态，会带来积极向上的状态；而当儿童不能顺利同化、需要顺应时，其自身处于一种不平衡的状态，在一定程度上可以激发自身探究的主动性和探究欲望，让自己积极地改变已有图式，去接受新刺激和新环境，从而达到自身平衡的一种状态。皮亚杰在《发生认识论原理》一书中提到："个体的平衡过程是一种内在的、自我调节的认知过程。个体认知发展的内在动力实质上是由于个体对环境适应时，在心理上连续不断地交替出现平衡与失衡的状态所导致的。"

二、认知发展过程中的影响因素

在儿童认知发展过程中，能够刺激认知得到发展与改变的因素有：个体的成熟度、个体自身经验的丰富程度、个体所处的社会环境和个体认知的平衡性。

（一）成熟因素

成熟因素主要是指儿童在生长发育的过程中、在遗传基因的控制下，使得机体器官逐渐发育成熟的整个过程，强调的是生物学上的发展。儿童的认知发展是以机体生理上的成熟度为基础，只有机体的成熟度达到一定水平，才能显现出认知阶段的发展。生理成熟作为儿童认知发展的必要条件，虽然起不到决定性作用，但是在这个过程中，儿童却是以生理成熟作为认知发展的一个基础性条件，机体成熟在儿童的认知发展中提供了一定的可能性，为认知领域的重新建构打开了新局面。

（二）经验因素

儿童经验的丰富程度取决于自身与外界环境的接触次数和相互作用。儿童在实际操作过程中，通过感知获得关于物体形状、大小、颜色、气味等的基本特征。而这些知识与经验都是由儿童亲自操作、感知获得的。通过互动，物体本身就会"告诉"儿童这些信息，儿童也会在头脑中建立起对该物体的认知。因此，最重要的是，经验的获得需要儿童亲身感知，通过这种感性操作才能获得相应的认知经验。在儿童经验的发展过程中，我们发现，与客体本身的性质相比，儿童经验的丰富程度才是最重要的。因此，我们应该尽量丰富儿童的生活，并让他们感受多姿多彩的世界，为他们的自我建构提供物质基础。只有拥有了丰富的知识与经验，才能在一定程度上促进儿童各个阶段的认知发展。

（三）社会因素

儿童发展的社会因素主要是指语言和教育的影响。在对经验因素的分析过程中，其实已经包含了教育的因素。因为系统的接受教育就是在感知外部世界，从而获得经验，这正是教育的重要意义。外在的教育影响或者说社会环境只要可以刺激个体吸收并进行再创造的活动，它就会被个体所同化、顺应，从而改变个体原有的知识结构。儿童处于认知发展过程中，接受能力和学习能力都是很强的，通过良好的教育是可以加速认知发展的。但教育过程中，一定要尊重孩子各方面发展的程度和水平，切忌拔苗助长。所以，我们提倡要引导儿童积极、主动地学习，而教育者仅仅起到引导作用。

（四）平衡化因素

前面谈到的成熟因素、经验因素和社会因素作为影响认知发展的因素，都不足以起到决定性的作用。皮亚杰认为，平衡化是认知发展的最基本因素。前三个因素中，任何一种因素都不能完全地解释认知发展，三者需要相互作用、相互配合，这其实就是一种平衡化的过程。通过观察，我们发现，儿童在实际动手操作过程中，需要进行大量的试误操作，试误其实就是前面提到的同化和顺应过程。在面临新问题时，当儿童运用头脑中已有的知识与经验对新知识进行同化时，如果出现错误，那么将进行新知识的顺应，在头脑中进行新知识与经验的建构，以此来达到平衡化的状态。它是一种有机体正常调节的状态，正是这种调节才能使有机体达到平衡，这是儿童在认知发展过程中的关键因素。

三、皮亚杰认知发展的阶段理论

皮亚杰认为，个体从出生到死亡的全过程中，其认知发展并不是简单的经验积累，而是在头脑中通过同化和顺应将知识与经验重新建构形成新的图式。因此，在个体认知发展过程中，皮亚杰依据头脑中图式的变化和发展将个体的一生划分为 4 个阶段，分别是：感知运动阶段、前运算阶段、具体运算阶段和形式运算阶段。0～3 岁的发展过程只经历前两个阶段。

（一）感知运动阶段：0～2 岁

从阶段名称上可以看出，这一阶段婴幼儿的主要任务就是感知和运动，也就是感知觉器官与身体运动能力协调发展的过程。尽管此阶段的个体年龄尚小，但是婴幼儿的学习仍是主动的，能逐渐地适应环境、获得经验。因为 0～2 岁婴幼儿在感知觉和动作精细程度上都有着显著的差别，所以皮亚杰将其又分成 6 个子阶段（表 2-1）。

表 2-1 感知运动阶段的发展特点

发展阶段	发 展 特 点
0～1 个月	通过吸吮、反射、抓握等感知觉和环境的刺激建立最初的图式
1～4 个月	通过不断地循环刺激，头脑中会有记忆并形成图式，掌握相应动作
4～10 个月	逐渐感受到自己能够控制外部世界；开始理解客体的永久性
10～12 个月	观察、学习能力提升，喜欢模仿
12～18 个月	认知能力大幅提高，出现创造性思维，语言能力开始发展
18 个月～2 岁	逐渐学会在行动前先进行简单的思考

（二）前运算阶段：2～7 岁

前运算阶段是皮亚杰认知阶段中的第二个阶段。之所以称为前运算阶段，是因为2～7岁这个年龄段的儿童还不具备逻辑运算及推理的能力，但是与通过感知觉和动作来建构图式的方式相比，这一阶段的儿童学会了运用符号进行思维，也就是说，儿童可以通过符号的表征来描述某一物体或某一事件的特征。比如，一名儿童曾经在家里看到窗外的窗台上有一只小白鸽，那么当他看不见这只小白鸽而又有成人提起时，他依然能在头脑中呈现出小白鸽的样子，并能够谈论关于小白鸽的样子及故事。这时，小白鸽就不是一只看得见的动物，而是一个符号了。处于前运算阶段的儿童在认知发展过程中，会经历以下几个显著的特点：

第一个是自我中心论。个体从自己的观点出发去看待整个世界的角度。这一阶段的儿童只从自己的角度去看待周围的世界，不懂得换位思考。因此，常常会被成人冠以"自私"的帽子，然而这其实是与他的认知水平相关的。比如，儿童会认为妈妈就是母亲，而不是姐妹或女儿，他们只知道所有的角色是针对自己而言的，没有相对的概念。

第二个是思维不可逆性。思维的可逆性是指具体运算和形式运算阶段儿童思维的一种基本特征。儿童能够在头脑中设想一个行为的发展顺序及倒退形式，而不必具体操作这些行为。对于这一阶段的儿童来讲，他认为事情发生变化后，是不会按照原来发生的线路再回到原来的样子。比如，老师对幼儿园小朋友说："你有 2 个苹果，老师又给了你 3 个。现在，你有几个？"答："有 5 个。"老师再问："小明来了，你给了小明 1 个。现在，你还剩几个苹果？"答："不知道。"

第三个是不能理解守恒的概念。守恒是指无论物质的外表怎样变化，其性质都保持不变的原理。2～7岁儿童由于认知发展的局限性不能理解守恒的概念。比如，我们拿2瓶相同容量的饮料，分别倒入2个高低不同的水杯里，让幼儿判断哪个水杯里的饮料较多时，7岁以下幼儿会选择高的水杯；而若是让9岁左右的孩子来判断，他会毫不犹豫地回答"一样多"。

第四个是泛灵论。这一阶段的幼儿会认为一切事物都是有生命的，比如，大树、白云、小草，这些事物甚至会与他们进行对话、交流。比如，在圣诞节之前，成人会给幼儿讲解有关圣诞节的知识和传统活动，会告诉幼儿如果好好表现，如好好睡觉、好好吃饭，那么圣诞老人将会在圣诞前夜坐着雪橇来给你送礼物，而幼儿会对此深信不疑，并且会在第二天急着去看圣诞老人送的礼物。

第二节 感觉统合理论

一、感觉统合的概念

感觉统合理论是由美国南加州大学临床心理学博士爱尔丝于1969年最先提出的。她认为，感觉统合就是将所有进入大脑的感觉讯息按目的不同进行分类，建立秩序，大脑对讯息进行加工处理，并作出适应性反应的能力。如果外部的感觉刺激信号无法在婴幼儿的大脑神经系统中进行有效地组织，就会导致感觉统合失调，大脑对身体各器官无法进行有效控制和协调。简单地说，感觉统合主要强调的是大脑与身体相互协调、整合的过程，大脑和身体的发展都要以感觉器官为基础。0～3岁是婴幼儿感知觉发展的敏感期，也是感觉统合的关键期。一部分婴幼儿可以完成整合的过程，但也有一部分婴幼儿存在感觉统合失调的现象。这种失调会影响其整体能力的发挥，如果不加以调整和干预，在13岁以后感觉统合失调将很难治愈。因此，0～3岁婴幼儿期的感觉统合训练将会直接影响到其后续学习能力的发展及效果。

二、感觉统合的功能

这里所说的感觉主要包括：听觉、视觉、嗅觉、味觉、触觉、运动觉、平衡觉、本体觉等。当个体面临某一环境刺激时，各个感觉器官将刺激信息传输给大脑，由大脑协调、整合后发出命令，从而指导个体的认知行为和动作。

首先，个体不同的感觉器官会通过自己的传输通道把环境的不同刺激传输给大脑，大脑必须立刻将这些感觉信息组织起来。当这些感觉信息在传入和输出的过程中非常顺利，并在大脑中进行了良好的协调、组织后，就会形成相应的认知行为，出现相应的动作；其次，大脑会根据一定的时期和环境对所有感觉刺激进行检索、筛查，检索出对个体影响最明显或对个体最重要的信息，提供给大脑，来形成相应的认知和动作。比如，我们放学回到家，打开家门，闻到一股菜香味儿，马上可以判断出"妈妈或爸爸回家了，并且正在做饭"。其实，在这个过程中，我们还会感觉到屋里的温度，会听到播放电视节目的声音，会看见家里的一切，但这些都是大脑信息检索过程中忽略掉的、不重要的信息，而大脑检索到的就是嗅觉提供的刺激，并很快地协调、整合，输出了认知信息。

除此之外，每个感觉作用于个体都是局部的、片面的，而外在世界呈现给个体的却是一个整体。因此，感觉统合很重要的一个功能就是将所有感觉到的信息进行综合、形成整体的一个过程。人们之所以形成了香蕉的整体概念，就是因为人的大脑把香蕉这个物体刺激各感觉器官的信息综合起来，得到了一个整体的认知，形成了一个香蕉的整体概念；最后，当个体能够将所有传入的信息有机地整合后，他就能很快、很好地适应内、外部的世界，从而达到协调的状态，个体就会产生积极向上、充满自信的感觉，并拥有满足感和安全感，这样也就有利于个体身心和谐发展。

三、感觉统合的作用

（一）促进婴儿感知觉动作的发展

在皮亚杰认知发展理论中，0～3 岁的婴幼儿处于感知运动阶段。他们对于外界的认知主要来源于外在的感觉和动作。因此，婴幼儿通过各感觉器官的大量刺激能对颜色、形状、声音、方位等有更清晰的认知。大脑对于感觉刺激的整合能帮助婴幼儿更好地认识自己的身体，认识自己与周围环境、事物的关系，进而发展婴幼儿的动作协调能力，使得婴幼儿通过感觉刺激达到身体协调、平衡的发展。婴儿 8 个月大时，会出现爬的敏感期。这一时期的婴儿如果能及时得到合理的、有关爬的练习，就会在大脑中形成"地"的概念，形成四肢前进的感知觉，从而通过大脑感觉统合的过程更好地控制四肢前进的方向及平衡感，这为他下一个"走"的阶段打下了坚实的基础。

（二）促进婴幼儿四肢协调能力的发展

感觉统合的全过程可以在最大程度上帮助婴幼儿协调四肢发展。通过感官刺激游戏，让婴幼儿在游戏过程中积极参与、积极锻炼，能够帮助他发展大脑中感觉统合的功能，而这种感觉统合过程的协调性会对日后的学习和阅读起到至关重要的作用。前庭系统是掌握平衡的重要感觉器官。在日后的学习中，最为主要的感觉器官就是视觉和听觉。因此，婴幼儿在游戏过程中适度地锻炼这些感觉器官，使其达到协调状态，机体才会保持良好的学习状态。在感觉统合游戏中，所有感知觉达到统合状态，相对应的躯干及四肢就会协调发展。比如，走线活动，就是让婴幼儿沿着笔直的线路，两臂侧平举，进行左、右脚交替前后运动，刺激前庭平衡觉的发展。同时，在走的过程中，双脚通过对身体前进方向的控制，达到手、眼、脚、身体协调的发展，从而促进整个机体协调发展。

（三）促进婴幼儿心理成熟度的发展

在感觉统合的游戏过程中，作为教师或者家长，应尽量引导婴幼儿积极、主动参与游戏，并给予适当的鼓励和表扬，以提高婴幼儿的自信心和参与程度，反过来，也更好地促进婴幼儿自身感觉统合能力的发展。如果孩子表现出抗拒或不感兴趣的情绪状态时，引导者不要过于强求，应该在适当的时候，给孩子一些积极反馈，使其获得成就感，提高游戏参与度。婴幼儿能在游戏活动中得到教师和同伴的认可，会促进其心理成熟度的发展。

（四）促进婴幼儿社会性的发展

婴幼儿在感觉统合游戏过程中，如果他开始积极参与游戏了，说明他的社会交往也就开始了。在游戏活动中，首先与他互动的就是引导者。婴幼儿会尽量按照引导者制订的规则有序地进行活动，并尝试完成任务，逐渐地学会如何与成人（教师或家长）进行顺畅的沟通，保持良好的情绪状态。其次与他互动的就是参与活动的其他同伴。在合作、分享的活动中，能够使婴幼儿学会与人交往，学会正确表达情绪和情感的方式，并且形成活泼开朗、积极向上的性格和品质。所以，任何的感觉统合游戏都能促进婴幼儿社会性的积极发展。

四、感觉统合失调及其表现

感觉统合失调是指个体的中枢神经不能将传入大脑中的外部信息进行有效的整合，从而导致整个机体不能正常、和谐、有序地运行。国内、外很多学者表示，感觉统合对于婴幼儿的成长起着关键性作用。如果感觉统合的过程持续不协调，将会影响婴幼儿正常的行为和生活，甚至会影响其在学龄期的学习效果。那么，感觉统合失调在婴幼儿期主要表现在哪些方面呢？

（一）本体感失调

本体感是指机体运动器官本身处于静止或运动的状态下产生的感知觉。比如，本体感较好的孩子可以闭着眼睛，做原地踏步的动作；本体感失调的孩子在做这个动作时就会逐渐走向其他的方向，离开原来的位置。其实本体感的发展与个体对身体肌肉的控制力度是密不可分的，包括手、眼、耳之间的配合程度等。本体感失调的孩子主要表现为参与活动或禁止状态下对身体的控制能力较差，在一定程度上会影响其学习能力和身体运动的协调性。特别是随着年龄的增长，孩子到了小学阶段可能无法集中注意力、安静地坐在教室里听课，在马路上方位感差，容易迷路，出现头晕等现象，甚至会影响到语言能力的发展，很多发音不准确，严重的还会阻碍其社会性交往。

（二）前庭系统平衡失调

前庭系统是用来掌握机体平衡的，是非常重要的感觉器官之一。当个体进行加速或减速运动时，通过调整头部倾斜的位置来保持身体的平衡。在撞到东西或跌倒时，能及时反应，保护身体。前庭系统失调的表现为婴幼儿喜欢旋转的游戏并且久转不晕；四肢协调能力和平衡能力差；走路容易摔倒，并且难以沿着一条线走；注意力不集中，四处张望；语言能力发展迟缓。

（三）触觉系统失调

触觉系统就是机体的外部皮肤在与外界环境刺激作用过程中的适度反应。当外界环境刺激达到一定的强度时，触觉防御系统会起到保护作用。但对于触觉系统失调的孩子来说，他们会因为对外部环境过度敏感而造成过度反应。主要表现为不喜欢与他人握手、拥抱，在陌生环境中过分紧张，甚至不知所措；极度缺乏安全感，过分依恋父母，害羞、胆小；在紧张的状态下，会出现啃指甲或拽衣角等不能控制的行为等。

（四）四肢运动协调能力失调

四肢运动协调主要包括手指精细运动和肢体大运动的协调。主要表现为手部精细动作失调，难以集中精力完成手眼协调的动作，比如，难以准确、快速地穿珠子；吃饭时，过于频繁地掉饭粒；跑步时，手脚不协调，容易摔倒；一些肢体运动难以完成。四肢运动能力在一定程度上会受前庭系统的影响，前庭系统失调直接影响机体运动能力的发展。

（五）视、听觉能力失调

视觉和听觉其实是婴幼儿长大后进入小学学习过程中最为重要的两个感觉器官，是婴幼儿发展认知和思维最重要的途径。婴幼儿视、听觉失调主要表现为视觉辨识能力差，不能准确地检索所看到的文字或图片；听觉系统失调，不能将对方全部的语言信息吸收到大脑神经系统中，会出现答非所问的现象。视、听觉失调的孩子整体学习能力都会降低，甚至会影响其语言沟通能力的发展。

0～3岁是各感觉器官发展的关键期。因此，这一时期，每个孩子的感觉统合能力都开始发展了。在不同环境、不同遗传基因的作用下，有的孩子感觉统合能力较强，有的孩子感觉统合会出现失调。因此，作为家长，应该多了解并观察孩子不同的行为表现，当发现孩子出现感觉统合失调的现象后，要尽量多地进行一定时间的训练，使其感觉统合系统慢慢地达到和谐的状态。

感觉统合过程就是让个体身体达到最和谐发展的状态。而事实上，完全的、彻底的和谐状态是极少发生的。大多数个体都会存在感觉统合失调的状态，只是程度有所不同，或者说一般的失调是不会影响到个体正常生活的。一旦影响了个体正常生活，就要进行专业的测评，并进行专业的指导及训练。对于0～3岁婴幼儿来说，这一时期正是各个感知觉器官逐渐发展并协调、统合的重要时期。因此，此时如果进行早期的感觉统合训练能够在很大程度上促进并加速各感觉器官的整合。

第三节　蒙台梭利早期教育理论

玛利娅·蒙台梭利（意大利语：Maria Montessori，1870年8月31日—1952年5月6日），意大利幼儿教育家，意大利第一位女医生，意大利第一位女医学博士，女权主义

者，"蒙台梭利教育法"的创始人。1907 年，蒙台梭利成立了儿童之家。1912 年发表了《运用于"儿童之家"的幼儿教育的科学教育方法》。这是其论述幼儿教育理论和方法的第一部著作。在学医的过程中，蒙台梭利关注到智障儿童，通过观察、研究形成了一系列的教育方案，并得到了较好的效果。在实践教学过程中，蒙台梭利进一步改进并完善了教育方案，使其更适用于正常儿童，逐渐形成了符合正常儿童需要的、比较完善的幼儿教育方法。

一、蒙台梭利教育理论中的概念

（一）有吸收力的心理

众所周知，婴儿从 1 岁开始便逐渐能用语言进行交流，到了 3 岁，基本能与成年人进行正常的沟通。在此期间，绝大多数婴幼儿没有进入正规学校系统地学习语言，那么是什么原因促使婴幼儿在 0~3 岁可以达到与成年人正常沟通这一状态呢？蒙台梭利认为儿童具有吸收力的心理，即儿童创造了他自己的"心理肌肉"（mental muscles），用于吸收在他周围世界中所发现的东西。我们把这种类型的心理称为"有吸收力的心理"（absorbent mind）。正是因为婴幼儿具有吸收力的心理，才会让成年人觉得，"孩子是能够记住事情的"，并且记忆可以保持一段时间，在有需要的情境下还可以还原。作为成年人，大部分的学习是有意识、有目的进行的。相反，"有吸收力的心理"的学习过程是无意识的。婴幼儿自身觉察不到自己是在努力地学习和记忆，并且整个过程都是快乐的、有趣的。个体从出生之日起，每天都在吸收着外在世界带给他的刺激，即使是只能躺在床上。当婴幼儿学会翻身、爬行，甚至学会走路，他能够通过所有感官来吸收周围的事物。通常，我们会发现，儿童会长时间地摆弄同一个玩具或听同一个故事而不厌烦。第一次接触是无意识的，慢慢地逐渐会过渡到有意识的感受，形成自己的认知，并丰富自己的经验。

通过对婴幼儿有吸收力心理的研究，我们看到个体成长过程中最为重要的就是这一时期。这一时期也是性格、认知、情绪情感形成的重要时期。因此，这一时期，婴幼儿最需要的是成年人给予适时的帮助，能最大限度地保护其从无意识学习过渡到有意识的创造学习，否则，任何妨碍其吸收力的方法都会减少婴幼儿充分发展的机会。当我们看到婴幼儿有了这种无意识的吸收能力，就应该采取一定的方式给他们提供"工作"或者活动，使其变成有意识的，而这种方式绝不能是传统的灌输式教学，只能是引导，为婴幼儿提供适宜的环境，顺应婴幼儿身心发展，不能一味地强求他能记住多少具体的知识。

（二）敏感期

婴幼儿成长过程中会呈现出很多不同的阶段特征，可能会在某一时期对某一行为过于执着，而过了这段特殊的时期，这种执着的行为又会自然消亡。这其实与婴幼儿生长与心理发展有着密切联系。在这一时期，婴幼儿会表现出对某一动作或事情极度敏感和执着。

这一时期就是婴幼儿某一方面发展的敏感期了（表 2-2），也是教育的关键时机。因此，作为教育者和家长，应及时关注婴幼儿成长发展过程中每一个变化，恰如其分地帮助和引导婴幼儿，使教育效果事半功倍。

表 2-2　婴幼儿敏感期对照表

不同方面	敏感期	具 体 表 现
语言	0～6 岁	语言能力不断增强，1.5 岁是语言爆发期，能模仿成人语言
感官	0～6 岁	2～2.5 岁达到高峰，注意细节，对环境敏感，喜欢用手去感知事物，如撕纸、抠洞、扔东西等
动作	0～6 岁	1～2 岁是行走敏感期，1.5～3 岁是手部敏感期，喜欢精细动作及大肌肉动作
关注细小事物	1.5～4 岁	喜欢观察细小事物，如蚂蚁、毛毛虫、衣服上的图案等
秩序	2～4 岁	对生活中事物的顺序性执着，所有习惯不容改变，对事物的认识有自己的顺序
社会规范	2.5～6 岁	不喜欢独自活动，喜欢与同伴交往，积极参与集体活动
书写	3.5～4.5 岁	喜欢看书，主动认字，对笔感兴趣
阅读	4.5～5.5 岁	对看书感兴趣，喜欢听故事
文化	6～9 岁	开始对文化感兴趣，喜欢探究事物的奥秘

（三）活动或工作

0～3 岁是婴幼儿精细动作和大肌肉动作发展的敏感期，也是各感觉器官逐渐发达的重要阶段。因此，对于婴幼儿来讲，活动或游戏应该是这一阶段的主要训练形式。活动过程不仅对婴幼儿身体各机能有促进作用，而且能最大程度地促进婴幼儿心理品质的形成。婴幼儿在适合其阶段特征的活动中，身体感官受到刺激，会加速整合，在此过程中，伴随有一定的心理活动。感官活动与心理活动相互作用，在感官协调的过程中会促进婴幼儿心理活动品质的发展。因此，在一定程度上，婴幼儿的运动水平与其心理发展水平是相适应的。如果婴幼儿不能充分调动他所有的运动细胞或者发展某种运动，那么，他的心理发展水平也只会处于这种不平衡或较低的水平。因此，当个体不再运动时，身体机能在逐渐退化的过程中，心理压力也会越来越大；反过来，心理压力越来越大，就会使得身体机能不再协调，形成恶性循环。

如果长期处于静止状态，个体则会失去社会性，阻碍其社会交往，从而使得婴幼儿的脾气、秉性变得暴躁、紧张、怯懦等。自然、活泼、好动是婴幼儿的天性。因此，作为家长，在婴幼儿 0～3 岁期间要为他提供更为丰富的活动内容，为性格的养成打下基础，而最适合婴幼儿的活动就是游戏。

二、蒙台梭利对早期教育的要求

蒙台梭利作为世界上影响力最大的幼儿教育家之一，她对婴幼儿的早期教育提出了非常系统的论述，形成了一套独特的教育理论。

（一）有准备的环境

蒙台梭利从传统的教育模式出发，认为在教育的过程中除了要研究教育者与婴幼儿之间的关系，还要关注教育者与婴幼儿互动过程中的环境因素，提出婴幼儿早期教育应该创造一种"有准备的环境"，以便于增强婴幼儿教育的效果。婴幼儿的学习基本上都是无意识的，因此，环境就成了非常重要的影响因素。成人为婴幼儿创造什么样的环境，那么，婴幼儿就会吸收相应的环境因素。因此，在婴幼儿成长过程中应尽量为其提供适合其认知等各方面发展的、有准备的环境。当我们用成人的眼光和标准为婴幼儿布置环境时，对他来说是不相宜的，也是不匹配的。对婴幼儿的吸收力起到阻碍作用，会使其内心产生抗拒心理，从而不利于其个性品质的发展。所以，蒙台梭利在婴幼儿早期教育方面提出的第一个要求是要创造适合婴幼儿发展的、有准备的环境，使其能自然而然地发挥作用，吸引其对周围环境的无意识吸收。例如，每个活动区都要有婴幼儿的活动范围，界限要明确，从而帮助他树立秩序的概念；同时，要制订规范的制度和准则，在一定的规则下，让婴幼儿轻松、自由地进行区域活动；每个不同的区域在实现其教学目标时都要运用教具，而教具的摆放是有一定要求的，不能随意乱放。

（二）早期教育的内容

蒙台梭利在《蒙台梭利早期教育法》一书中，对早期教育的内容进行了非常详细的讲解，全部内容可以分为四个方面（表2-3）。

表2-3　早期教育的主要内容

方　面	具　体　内　容
日常生活练习	制订合理的作息时间，培养独立解决问题的能力
感觉动作练习	感官训练、体能训练、手工制作
智力训练	用婴幼儿积极参与的游戏形式训练其阅读与写字能力、语言沟通能力及数学思维能力
自由与纪律教育	以个体独立为基础，引导婴幼儿有秩序、有组织地积极参与活动

（三）蒙台梭利对教师的要求

教师在婴幼儿早期教育过程中起着不可或缺的作用。在传统意义上，教师教学是讲授式的，由教师控制整个教学过程，对婴幼儿起决定性作用。而蒙台梭利打破了这一关系，她认为，在0～3岁的早期教育过程中，婴幼儿应占主体地位，教师要在了解其基本情况的基础上进行引导，应重视婴幼儿的参与程度，并且按照他的思路进行引导、教学，引导婴幼儿进行独立操作、独立思考、独立解决问题。那么，对于一名从事早期教育的教师而言，首先在行为和语言上应起到模范带头作用；其次，在婴幼儿进行独立操作的过程中，教师只是一位运用科学的观察方法进行细致、全面观察的观察者；第三，在观察过程中，教师是一位引导者，不能随意打断婴幼儿的专注力，要学会倾听。

对教育者而言，耐心地等待婴幼儿自己解决问题是非常重要的。也只有这样，婴幼儿才能得到符合自身需求的能力。因此，在成为教师之前，一定要关注婴幼儿、了解婴幼儿、配合婴幼儿，以此达到使其进步的效果。

第四节　其他相关理论

一、加德纳多元智能理论

多元智能理论是由美国哈佛大学教育研究院的心理发展学家霍华德·加德纳（How-ard Gardner）在 1983 年提出的。在传统教学过程中，教师和家长对于学生的评价多关注在逻辑思维能力和阅读记忆能力上，而加德纳在其研究过程中发现，个体的智能绝不仅仅只有这两种。他在《心智的架构》（1983）这本书里及之后的研究中提到，每个人都具有包括语言、逻辑、空间、运动、音乐、人际交往、内省、自然探索、存在在内的 9 种智能，只是这些智能的发展并不均衡。实际上，我们也会发现有的婴幼儿语言表达能力强，能清晰地表达事情的起因、经过和结果；有的婴幼儿人际交往能力显著，在新的环境下能很快地结交到好朋友，并能愉快地玩耍；也有的婴幼儿听到音乐，会不自觉地跟着打节奏等。这些都说明了每个婴幼儿都拥有其独特的智能，每个个体智能的发展又受环境和教育的影响和制约。因此，在早期教育的过程中，应正确看待每个婴幼儿具有的智能特点，一方面提高其擅长的能力，另一方面找到其薄弱的能力，因材施教。

二、维果茨基的最近发展区

维果茨基（Lev Vygotsky，1896—1934）是前苏联建国时期卓越的心理学家，他主要研究儿童发展与教育心理，看重教育、教学对儿童的引导作用，提出了非常著名的"最近发展区"理论。他认为，教学应该是与儿童的认知发展水平相一致，而儿童认知发展中存在两个发展水平：一是儿童现有的发展水平，另一个是最近发展区水平。

儿童的现有水平是指与其智力认知水平相一致的、可以达到的能力，比如，6 岁幼儿智力上应该达到的能力值。而最近发展区水平是指在成人的指导下，这名 6 岁幼儿有可能会达到 8 岁儿童的智力水平。比如，两个现有水平相同的 6 岁幼儿，其中一名幼儿在教师的指导下能够通过 7 岁儿童的智力测验；另一名幼儿通过指导，能够通过 9 岁儿童的智力测验。由此看出，这两名幼儿虽然现有水平相同，但是最近发展区的水平是存在差异的，而后者的发展潜力远远大于前者。由此推断，在儿童学习过程中最近发展区的重要性。当教师重视儿童最近发展区水平的发展时，能够为其提供适宜的教育刺激，那么儿童的发展潜力是无限的。所以，维果茨基提出在任何时期的教育过程中要创造最近发展区，并选择最佳的学习时机。对于任何阶段的个体来讲，都需要最近发展区水平的指导。

维果茨基认为："教学与发展并不是在学龄期才初次相遇的，而实际上从儿童出生的第一天便互相联系着。"他所说的教学并不是指学习教育，而是广义上的教学，是发生在任何阶段的教育。他还特别指出，对于婴幼儿时期进行的早期教育更需要着眼于最佳的时机，以婴幼儿自身发展特点为切入点，转变唯书、唯上的观点。

三、班杜拉的社会学习理论

阿尔伯特·班杜拉（Albert Bandura，1925 至今），美国当代著名心理学家。他认为人与环境之间的关系是双向的、互相影响的，在行为的习得上强调了认知在人类社会学习中的重要作用。因此，他认为个体进行社会学习的最主要形式就是观察学习，而这个观察学习的过程并不是简单的模仿行为，而是通过认知进行观察，由观察来获得相关行为的信息，是一个较为复杂的过程，主要经历注意过程、保持过程、再现过程、动机过程等 4 个过程。

观察学习在婴幼儿身上体现得较为明显。婴幼儿在社会中生活，适应社会的发展，提高社会性发展水平，这些都离不开社会观察学习。个体从出生开始就有了这一行为，随着年龄的增长，观察学习的能力与水平也在不断提升。因此，作为家长和早期教育者，可以在日常生活或教育中有意识地引导婴幼儿进行观察学习，从一个婴幼儿的感知觉、注意的品质以及兴趣点出发，侧重培养婴幼儿观察能力的提高，从而达到对社会经验的学习。

四、布朗芬布伦纳的生态系统理论

生态系统理论与之前提到的儿童发展多关注于自身认知发展及其内部影响因素不同，布朗芬布伦纳的着眼点在于婴幼儿所处的生态环境。他看到在婴幼儿成长发展过程中的影响因素绝不仅仅是其内部发展因素，还有更为复杂的外部世界对其施加的力量。婴幼儿阶段较为重要的生态环境就是微观系统和中间系统。

微观系统主要包括婴幼儿的家庭和学校，对于每个个体来讲，从一出生首先进入的就是家庭环境，而婴幼儿最早的社会性行为就发生在家庭环境中。父母在婴幼儿成长过程中扮演着示范者、引导者、评价者等多种角色，同时，婴幼儿的行为多来自对家长行为的模仿。学校环境是其接触的第二个较为系统的、直接的环境，婴幼儿大部分的知识、技能、品格将会在这个环境下习得。首先，为婴幼儿创造德、智、体、美全面发展的教育环境。其次，学校文化氛围会潜移默化地对婴幼儿产生深远的影响。第三，婴幼儿社会性发展最密切的应该是同伴交往。它在婴幼儿成长发展及学习交往中起到至关重要的作用。

中间系统是指在微观系统中的家庭、学校及同伴之间相互配合和相互影响的系统。这种系统内各部分相互联系、相互配合，有时会加速个体的成长发展，达到 $1+1 \geq 2$ 的效果。在早期教育中，最需要家长配合。因为对于婴幼儿来说，最了解他们的是家长。在早期教育者进行教育的过程中，如果能得到家长的积极配合，一方面教师会更深入地了解孩子，另一方面家长可以获得适合孩子的教育方式、方法，并在家中进行练习，那么，孩子的吸收效果也会事半功倍。

第三章

0～1岁婴儿早期教育活动的设计与实践

胎儿从呱呱坠地到一个月的时间内，叫新生儿期。从这个时期开始，个体与外界直接建立了联系。发展心理学领域将个体出生到一周岁这个时期称为乳儿期。在这一年的时间内，可以说个体身心各方面获得了非常巨大的发展，虽然对比人的一生只是短短的一年，但却是个体发展变化最快的一年，是维持生命最关键的一年。在这一年里，个体从"无能力"地躺、卧发展到能够直立行走，感觉充分发展，知觉开始发生，逐渐出现再认，并且开始牙牙学语，同时发展出对个体一生都十分重要的依恋关系，建立最初的亲子关系，社会性也开始发展，自此个体爆发出巨大的潜力，遵循固定的顺序和模式，从软弱需要保护、照顾到能够独立探索世界。生命开始的第一年为个体一生的发展奠定了坚实的基础。

第一节　0～1岁婴儿的生理发展

生命诞生的第一个月，我们称之为新生儿期。这个时期的婴儿从在妈妈肚子里安全的状态到独自面对这个世界，经过奋力挣扎和各种考验，新生儿来到了这个世界上，各项机能都在调整、转变中。从个体出生到一周岁称为婴儿期，也称为乳儿期，这个时期个体依赖母亲的照料和养育，通过母亲的乳汁获取食物和营养，开始直接与外界发生各种各样的联系，最后通过个体发展产生很多的"质变"。

一、大脑和反射行为

大脑是一切身体和心理活动的物质基础。个体一切心理活动都是通过大脑和神经系统的活动来实现的。

（一）神经元及突触

神经系统的基本单位是神经元。神经元细胞与身体中所有的细胞一样，具有一个包含着细胞核的细胞体。与其他细胞不同的是，神经元能通过一端叫作"树突"的纤维与其他细胞相联系，接受来自其他神经元细胞的信息；另一端长长的伸展部分称为"轴突"，负责给其他神经元传输信息。神经元之间并没有实际接触，其间有细微的间隙，称为"突触"。突触间通过神经递质来传递信息。神经元种类众多，有主要负责接收外界信息的感觉神经元，有传递神经冲动到效果器的运动神经元，还有联络二者的中间神经元，这些神经元构成了复杂的神经系统。总的来说，大脑发育就是神经元发育并建立精细联结的过程。

婴儿出生时神经元细胞数量巨大，在1 000亿至2 000亿个范围内。刚出生时，新生儿大脑中的神经元很少与其他神经元相连接。但在出生后的头两年里，婴幼儿脑中神经元之间将会建立起几十亿个新连接，神经元网络变得越来越复杂。神经元连接在个体成长过程中持续增加，成年人单个神经元就可能有至少5 000个连接其他神经元或身体其他部位。如果神经元之间的联系在早期没有有效地建立起来，有可能相应的脑回路永远无法形成。

实际上，婴儿出生时所拥有的神经元数量远远多于所需要的数量，在发展过程中会出现突触修剪，即那些没有与其他神经元相互连接的神经元会逐渐消失，以提高神经系统的运作效率。这个过程就像果农为了增强果树的生命力修剪多余的树枝一样。

（二）大脑皮层的发育

大脑皮层像一个巨大的、表面有皱褶的核桃，拥有脑部最大、最复杂的结构，占整个脑重的 85%。

大脑皮层分为左右两个半球，功能各不相同。基本上，每一个半球都从对侧身体部位接收感觉信号，同时只控制对侧的身体。对于大多数人来说，左半球主要负责语言能力、逻辑思维和积极情绪；右半球主要负责处理视觉和空间信息。对左利手的人来说，这个规律是相反的。两个脑半球的专门化功能称作单侧化，大脑单侧化有利于有效地发挥大脑更多的功能，这可能是进化的结果，单侧化让人类能更有效地应对环境变化。连接左右两个半球的是一个硬质的带状组织，称为"胼胝体"。胼胝体像一个连接左右半球的"转换器"，让两个半球之间共享信息，协调指令。

大脑皮层分为 4 个区域，即枕叶、顶叶、颞叶和额叶。每一个脑叶都有不同的功能和发展速度。皮层区域发展顺序与个体各项能力的发展顺序相对应，例如，在 1 岁以前，视觉皮层（主要在枕叶）、听觉皮层（主要在颞叶）和身体动作有关的皮层（主要在顶叶）活动非常旺盛，大约在出生后 6 个月的时候达到成熟，这个时期也是婴儿视觉、听觉和动作技能发展最为迅速的时期。但主管抽象思维、冲动控制、信息整合的脑区（主要在额叶）则发展缓慢，直到青少年期甚至成年早期才能发展成熟。

大脑的发展由于受到遗传预定模式的影响，很多方面会自动进行，同时人脑的发展也受环境的影响，这就涉及到大脑的可塑性。在生命早期，许多大脑区域还没有形成专门化的功能，有较强的可塑性。例如，如果婴儿和成年人受到同样的脑损伤，婴儿会表现出很好的大脑可塑性，即其他部分能够代偿受到损伤的脑区，因此受到的影响就会小很多，也会恢复得更好。同样，在大脑快速发展的个体早期，外界环境对大脑的刺激至关重要。所以，缺乏和受限制的外在环境将会妨碍婴儿大脑的发展。

另外，大脑对某些形式的损伤很敏感，例如，摇晃婴儿综合症，即由于婴儿哭泣，其照顾者出于挫败感和愤怒感剧烈摇晃婴儿，或长时间、无数次地快速摇晃婴儿，导致其大脑在颅骨内转动，使脑血管破裂，并破坏复杂的神经元连接，造成婴儿脑部损伤，具有非常严重的后果。

（三）婴儿早期的反射行为

新生儿有十多种无条件反射，即婴儿自动地、无意识地对刺激的反应，由控制呼吸、心率等其他先天行为的较低级中枢控制。最初的无条件反射往往和生存需要、安全需要相联系。

1. 眨眼反射

为了保护眼睛避免直射光的侵害，婴儿自动闭上眼睛或将头转向背光处。眨眼反射属于无条件防御反射，打喷嚏、呕吐也属于无条件防御反射。

2. 定向反射

新生儿会把头转向触碰他们脸颊的物体。当听到较大的声响或看到鲜艳的物体，新生儿会产生躲避危险的反应。这些反射大约在新生儿出生3周后消失。

3. 吸吮反射

当乳头或类似乳头的物品触碰其脸颊或嘴唇时，婴儿会做出吸吮的动作，这是为了摄取食物。这一反射大约在新生儿出生9个月后消失。

4. 抓握反射

又称为达尔文反射，婴儿能够紧紧地抓住他们手掌中的任何物体，力量之大甚至能将身体吊起来。抓握反射的存在反映了在进化阶段，灵长类动物需要抓住母亲的皮毛，才能够在母亲跳跃、攀爬时不会掉落。这一反射大约在新生儿出生4～5个月后消失。

5. 踏步反射

又称为行走反射，当成人用双手托住婴儿腋下，让他们的脚轻触地面时，婴儿的腿部会发生踏步移动。踏步反射为婴儿独立活动做好了准备。这一反射大约在新生儿出生2个月后消失。

6. 游泳反射

当婴儿脸朝下、整个身体浸入水中时，他会做出划水和蹬水的游泳动作，以避免危险。这一反射大约在新生儿出生4～6个月后消失。

7. 惊跳反射

又称为莫洛反射，当婴儿脖子和头部的支撑物突然挪开或听到突然的响声时，婴儿的背部会弯曲成弓形，手臂会突然伸直，并张开手指，好像要抓住什么物体，以防跌落。这一反射大约在新生儿出生3～5个月后消失。

8. 巴宾斯基反射

当婴儿的脚掌受到抚摸或击打时，婴儿会马上张开脚趾，脚掌向内扭动。这一反射大约在新生儿出生8～12个月后消失。

这些反射出现和消失的时间很有规律，能够为婴儿发育是否有问题提供依据。婴儿很多条件反射是在无条件反射的基础上发展起来的。婴儿条件反射的形成速度会随着年龄的增长而加快。这是因为其自身肌肉能力不断增强，导致自主控制能力表现得越来越好。一些研究者认为对婴儿加强踏步反射练习有助于其尽快学会走路。虽然有证据表明密集的训练可以使某些活动提早出现，但没有证据表明受过训练的婴儿要比未受过训练的婴儿做得更好。所以，针对婴儿的反射，我们还需要进行更多思考和研究。

二、体格的发展

刚刚出生的新生儿身体最大的特点是软弱，但婴儿的生长发育非常迅速。婴儿期是身体生长发育的第一个高峰期，其身高和体重会成倍增长。

（一）身高

新生儿体型很特殊：头大，身圆，四肢短。头约占整个身高的 1/4（成人约为 1/8），腿约占 1/3（成人约占 1/2）。随着月龄的增长，婴儿身体各部分逐渐协调起来。

新生儿出生时平均身高约为 50cm。出生后至 6 个月，每个月身高平均增长 3cm，6 个月后有所减缓，每个月增长 1～1.5cm。1 岁时，身高可达 70～75cm。

（二）体重

新生儿体重为 3～3.5kg，5 个月会翻 1 倍，12 个月会翻 2 倍，到 1 岁时，体重约为出生时的 3 倍，即可能达到 9～10kg。

$$1～6 月：体重（kg）＝出生体重＋月龄×0.6$$
$$7～12 月：体重（kg）＝出生体重＋月龄×0.5$$

（三）骨骼和内脏器官的发育

新生儿的骨骼非常软，构造与成人不同。新生儿骨骼所含无机盐少，水分多，血管丰富，所以弹性较强，但强度不足，不易折断，但易弯曲。新生儿的肌肉也软弱无力，很难支持身体动作。新生儿的内脏器官也没有发育成熟，呼吸微弱，心跳很快，消化系统与体温调节功能的发育也不完善。

婴儿期，婴儿骨骼开始骨化，到 1 周岁时，部分手骨及腕骨已经骨化，脊柱的 4 个生理弯曲相继形成，但骨骼还是容易变形。肌肉也开始快速生长，但在进行坐、走等随意运动时，相关肌肉容易疲劳。结合这些特点，抚养者必须注意让婴儿练习各种动作时要适时、适量、适度，不要过早地让婴儿坐、站、爬、走，每次练习的时间也不宜过长。

第二节　0～1岁婴儿的认知能力发展

一、感知觉的发展

感知觉是婴儿认识世界的主要手段，也是其记忆、思维、想象等高级心理现象发展的基础。感知能力发展越充分，记忆贮存的知识与经验就越丰富，思维及想象发展的潜力就越大。感知觉在婴儿期发展最为迅速，很多感知觉都已接近甚至达到成人水平。

（一）感觉的发展

感觉是人脑对直接作用于感觉器官的客观事物个别属性的反应。感觉是人与生俱来的、最早显现的、最简单的心理现象。

1. 触觉

在生命初期，触觉是个体发育最成熟的感觉系统。在孕期 32 周时，胎儿已经对触觉相当敏感，而这种敏感性会在出生后迅速提高。触觉是婴儿期最重要的一种感觉，尤其是唇、舌、耳朵、前额和脸颊等部位的触觉。触觉也是最先发展的一种感觉，婴儿通过口腔和手部的触觉了解物质的温度、湿度、硬度等信息，嘴里的触觉感受器自出生就开始工作，手部抓握物体的触觉也能够更好地帮助婴儿认识世界。新生儿对于触摸非常敏感，比如，轻柔的抚摸能让正在哭闹的婴儿安静下来。大部分最早的反射都是由身体不同部位的触觉引起的，婴儿感受触摸的能力，对他们探索世界特别有帮助。抚养者要对婴儿进行积极地抚爱和触摸，不要将他们"捆绑"起来，要给婴儿空间和时间，提供多种多样安全的抓握玩具，让婴儿充分感受与体验。这个过程不仅能让婴儿感受到安全，感受到来自成人的爱，同时，多样的抚触游戏也会促进婴儿感知能力的发展，积累相应的感知经验。

2. 视觉

视觉是人类最重要的感觉通道。新生儿的眼睛比成年人的稍小一些，其视网膜结构仍未发育完全，他们很难将视觉焦点保持在客体上。新生儿最佳视力焦点约在 30cm 处，恰好是婴儿眼睛和抱孩子人面孔之间的距离，这个距离有利于母子间的联系与交流。尽管新生儿的视敏感还没有完全成熟，但他们仍然积极关注着环境中的各种信息。在颜色视觉方面，新生儿不仅能够区分不同的颜色，还会表现出视觉偏好。有研究发现，他们不仅能够区分红色、绿色、黄色、蓝色，并且表现出对颜色的偏好，即盯着蓝色和绿色物体的时间更长。出生2～3周后，新生儿能够将视线间断性地集中在物体上，但时间较短。2 个月左右的婴儿出现了"追视"现象，能够用眼睛追随物体做缓慢的水平运动。3 个月大的婴儿视力会变得越来越精确，能够用眼睛追随物体做缓慢的圆周运动。婴儿双眼视觉大约在14 周时发育成熟，能够把来自两只眼睛的成像结合起来，得到深度和运动方面的信息。总之，婴儿视觉能力在出生后飞速发展，6 个月大的婴儿视力几乎可以达到成人水平。

3. 听觉

新生儿在出生前就具备了听觉，且听觉感受性在孕期最初的几个月里进步得很快。现代家庭教育注重胎教，常用语言和音乐进行胎教，这让新生儿出生前就进行了一些听力练习，出生后他们就已经具有了很好的听力知觉。新生儿天生具有对特定声音组合的偏好：与别人的声音相比，更喜欢听母亲的声音；与外语相比，更喜欢听本民族的语言；与纯音相比，更喜欢听复杂的声音。新生儿能够对一些声音作出反应，刚出生 3 天的新生儿就可以辨认出曾经听过的声音。比如，正在哭泣的新生儿，如果听到周围其他新生儿哭泣，他们就会继续哭泣，但是如果听到的是自己哭声的录音，他们很快就会停止哭泣。

4. 嗅觉和味觉

嗅觉和味觉的发展开始于胚胎期。对婴儿面部表情的观察研究表明他已经能够区分几种基本的味道。他们对甜味儿的反应是面部肌肉放松，尝到酸味儿时噘起嘴唇，尝到苦味儿时则会把嘴张成拱形。这些基本味觉在很大程度上是由先天决定的。相比于其他味道，新生儿更喜欢甜味儿，这可能是一种遗传生存机制造成的，因为母乳是甜的，而有毒的东西通常是苦的。和味觉一样，对气味的偏好在新生儿出生时就有了。婴儿闻到香蕉和巧克力的气味时会出现放松、愉快的表情，而臭鸡蛋的气味会使婴儿皱眉头。当酸味儿的东西触及婴儿的嘴唇时，他们的嘴唇会紧闭起来。这些研究结果表明，新生儿的触觉、嗅觉和味觉在出生时不仅存在，而且具有一定的复杂性。

（二）知觉的发展

知觉是在感觉的基础上，通过整合各种感觉信息而产生的综合反应。知觉信息会受到过去经验、需要、动机、兴趣、情绪等因素的影响。5~6个月的婴儿逐步了解到物体各方面的属性，从而形成知觉。

1. 形状知觉

新生儿特别容易被轮廓复杂的曲线所吸引。研究者通过视觉偏好相关实验证明，新生儿已经具有了形状知觉的偏好，比起大方块的图形，婴儿更喜欢看由许多小方块组成的图案；比起直线，婴儿更喜欢看曲线；比起简单图像，婴儿更喜欢看具有复杂特征的人脸。研究发现，8~9个月的婴儿已经获得了形状恒常性。

2. 深度知觉

深度知觉能够帮助婴儿获得有关高度的知识，以避免跌落。吉布森和沃尔克设计了一项名为"视崖"的经典实验。他们将婴儿放置在一块很厚的玻璃板上。玻璃板下方有一半铺着方形图案，婴儿好像趴在一块稳当的平面上，然而玻璃板另一端的下方，方格图案与玻璃呈现出几十厘米的落差，形成了明显的"视崖"。吉布森和沃尔克让婴儿趴在视觉较安全的位置，让母亲站在婴儿对面召唤他，即婴儿爬到母亲身边需要经过视觉落差的地方，观察婴儿是否愿意爬过"视崖"。研究中，大部分6~14个月大的婴儿不会通过"视崖"。由此可见，在这个年龄段，大多数婴儿的深度知觉能力已经发育成熟。

从某种意义上说，婴儿具有复杂、完备的感知觉系统，这不会让人感到惊异，毕竟在来到这个世界之前，他们已经花了9个月的时间准备应对外面的世界。此外，分娩时产道的挤压也使婴儿处于较高的感知觉状态，使得他们准备好与世界进行亲密接触。

二、注意的发展

注意是心理活动对一定对象的指向与集中。根据注意时是否有目的和是否需要意志的努力，注意可分为无意注意和有意注意。婴儿主要发展的是无意注意，既无预定目的，也不需要意志努力的注意，而有意注意，即有预定目的、需要一定意志努力的注意，则是在大脑额叶功能的基础上发展起来的，而0~1岁婴儿的额叶功能发育尚不充分，所以重点讨论个体无意注意的发展。

0~1个月。当新生儿正在哭泣时，拿一个颜色鲜艳的玩具在其眼前晃动，新生儿很快就会停止哭泣，目不转睛地盯着玩具看，这种注意没有预定的目的，也无需意志的努力，是在外界刺激的作用下不自主产生的。新生儿已经表现出无意注意的能力，当听到巨大声响时，就会暂停吸吮，明亮的物体也会引起新生儿视线的片刻停留。这些都是无条件定向反射，是无意注意发生的标志。

1~3个月。婴儿的无意注意主要体现在感觉偏好上，无论是视觉，还是听觉，复杂的刺激物更容易引起他们的注意。

3～6个月。婴儿由于其头部运动自控能力加强，获取可注意的信息变得更多，他们会自觉、积极地关注周围环境，并且注意的品质也得到了提高。

6～12个月。婴儿随着觉醒时间的延长和身体动作技能的提高，通过坐、爬、站、走等行为，其注意的范围有了质的变化，注意的对象更加广泛。值得注意的是，此时婴儿对熟悉的事物，尤其是对母亲的注意程度更高。

另外，还有一个重要的概念是共同注意。共同注意是指能够理解你和我共同注视着同一事物的现象。共同注意对于理解社会交往、语言获得以及了解他人意图和心理状态至关重要。4个月的婴儿就开始表现出共同注意，他们的眼光会朝向成人引导的方向。在10～12个月大时，婴儿的共同注意更加准确了，他们知道成人的关注点，了解成人沟通的意图。在对自闭症儿童的研究中发现，婴儿是否具有共同注意能力成为评价不会说话的婴儿是否为特殊儿童的重要指标之一。

三、记忆的发展

记忆是在头脑中积累和保存个体经验的心理过程。人感知过的事物、思考过的问题、体验过的情感都会在头脑中留下不同程度的印象。其中一些印象成为经验，能够保留相当长的一段时间，在一定条件下还能恢复，这就是记忆。

心理学界普遍的共识是：条件反射的出现标志着记忆的产生。也有一些研究发现，胎儿时期个体就已经具备了记忆。例如，新生儿哭闹不已的时候，将其母亲的心跳声播放给他听，新生儿就会停止哭闹，安静下来。出生10天左右的新生儿会对喂奶姿势建立条件反射，当被抱成将要喂奶的姿势时，即使奶头还未触及嘴唇，新生儿也会开始做出吸吮的动作。

婴儿的记忆主要表现为对信息的再认。我们可以通过客体永久性地观察到婴儿的记忆现象。客体永久性是由瑞士心理学家皮亚杰提出的。皮亚杰通过对儿童的观察发现，8个月以下的婴儿，当东西离开他们的视线时，会表现得像这个东西已经不存在了一样。9个月大的婴儿才能意识到，虽然物品暂时不在眼前，但确实存在过，即具备了客体永存的概念。另一个能够观察到的记忆再认现象是婴儿的模仿行为。研究发现，婴儿在1岁以前就可以模仿成人的面部表情了。

第三节　0～1岁婴儿的动作技能发展

动作是个体生存和发展最重要的基本技能。动作是个体与外界环境相互作用的重要手段，是个体生理和心理发展的基础，有利于促进个体认知、语言和社会性的协调发展。

一、动作发展规律

个体动作发展虽然存在发展速度的个别差异，但发展顺序和规律具有统一性。主要遵循首尾原则、近远原则、整分原则、大小原则及无有原则。

首尾原则是指动作发展是从身体上半部动作发展到下半部动作。动作发展先从头部和身体上半部开始，然后至身体的其他部分。婴儿视物能力发生在控制躯体之前，他们先学会控制身体的上半部。例如，他们先学会抬头、俯卧，然后是翻身、坐、爬、站、走等动作。

近远原则是指动作发展从身体的中央部分开始而后发展到四肢动作。个体先发展头部和躯干的动作，接着是臂和腿的粗大动作，然后是手和脚、甚至手指和脚趾的精细动作。

整分原则是指动作发展从整体的、全身的、笼统的动作到分化的、局部的、精细的动作。例如，新生儿最初的动作是整体的、全身的反应，这是由于此时个体的神经系统还没有进行髓鞘化，随着大脑和神经系统的发展，个体动作趋于准确化和专门化。

大小原则是指动作发展从大肌肉动作向小肌肉动作发展。个体首先发展粗大动作，如躯体动作、臂部动作和腿部动作，然后才会发展精细动作，如手部精细动作及手眼协调动作。

无有原则是指动作从无意动作向有意动作发展。婴儿动作最初是无意的，随着个体的发展，逐渐出现有意义、有目的的动作。6个月以后，个体逐渐意识到自己所做的动作是有意义的、有目的的。

二、大动作的发展

根据动作发展规律，婴儿首先发展整体的、中央的、粗大动作。

绝大多数新生儿刚出生时，头还不能竖起、直立，但能够在仰卧的状态下把头部扭向一边。而向下趴着的时候，他们也能轻轻地抬起头，并转向一边。在最初的2~3个月里，他们抬头的幅度越来越大，能挺起胸，他们开始注视周围的物体。3个月大的婴儿一般能够自主翻身，从仰卧翻到俯卧，再从俯卧翻回仰卧。6个月大时，能够不需要借助外力支持地坐着；8个月时，能够自己坐起来。6~10个月，婴儿开始尝试着爬来爬去，通过这些努力，协调了手臂和腿部的动作，并使自己往前移动。这种自主移动对于婴儿认知和心理发展都有好处。会爬的婴儿对于客观物体有了更多的认识，东西在哪儿、有多大、会不会动等。爬行还能够帮助婴儿更好地判断距离和深度，锻炼其肢体的协调性。婴儿7个月时能够扶着成人的手或者家具站立一小会儿。11个月大的时候，婴儿能够自主站立，并且开始尝试走路（表3-1）。

表3-1　0~1岁婴儿大动作发展里程碑事件

月龄	里 程 碑 事 件
1个月	头部能向一侧转
	俯卧时能抬起头
	在成人的帮助下能做到头挺立
2个月	趴在大人肩上时能抬起头
	俯卧时能把头从一侧转向另一侧
	俯卧时能抬起头并转动
	能向明亮的颜色和光源转头

（续）

月龄	里 程 碑 事 件
3个月	俯卧时能用双臂支撑起上身
	能用手握住小的物品
	俯卧时，头能保持挺立
	能从侧卧翻到仰卧
4个月	头能平稳地竖直
	手会张开、合拢，尝试或展示出抓、操作物品的能力
	能扶着坐
5个月	腿部能够承受一定的重量
	能坐在大人的膝盖上
	会抓住物品
	能从仰卧翻到侧卧
6个月	不需要帮助就能坐立
	俯卧时能抬起头和肩膀
	把玩脚趾
	咬并咀嚼
	摇晃玩具
	在有人抓住双手的情况下能够坐起来
	张开嘴、接受喂饭
	在有帮助的情况下能站立
7个月	能将物品从一只手转移到另一只手上
	喜欢玩拍手游戏
	能独立坐，并尝试爬行
8个月	能爬行
	能被成人拉着站起来，并保持站立姿势
	能翻滚
9个月	能让胳膊和双腿转动
	手能有力地抓握
10个月	能毫不费力地自己站起来
	能自发地放开一件物品
	能按要求给出玩具
11个月	能扶着家具行走
12个月	尝试攀爬
	能在扶着某人或某物的情况下蹲下
	能用两只手分别捡起并操作两件物品
	能翻书
	能迈出步子行走

部分资料来源：George S. Morrison. 学前教育：从蒙台梭利到瑞吉欧［M］. 第 11 版 . 祝莉丽等，译 . 北京：中国人民大学出版社，2014.1：230-231。

三、精细动作的发展

精细动作是指个体手以及手指等部位的小肌肉或小肌肉群的运动。尤其是手眼协调能力的发展，使婴儿更好地认识事物的各种属性，促进了感知觉、注意、记忆的发展。

新生儿具有无条件反射"抓握反射"，如果轻轻抚摸新生儿的手掌，他们的手就会紧紧握住。1～2个月的婴儿手部常有无目的的抚摸动作，这是婴儿认识事物之间的关系、使动作具有有意性的准备。2～3个月的婴儿有吸吮自己手的动作，最初是吸吮整个手，然后是手指，最后会含特定的手指，通常是大拇指。在吸吮的时候，婴儿还会注意自己的手，开始只是看一眼拳头，稍后能持续地看一会儿，往后会一边微微转动小手一边盯着看，仿佛是在做游戏。吸吮手指和看手只是婴儿手指功能分化和手眼协调的表现。往嘴里塞手，让手成了婴儿最初的"玩具"。3～4个月的婴儿不管任何东西都会抓住往嘴里塞。他们抓物的方法是一把抓，整只手弯起来像一只钩子，拇指和其余四指方向一致。5～6个月的婴儿伸手的动作越来越多，对眼前的东西会伸手去抓，动作比较准确，这说明手眼协调形成，这是婴儿心理发展的重要标志。6～7个月的婴儿手的中心屏障消失，能逐渐双手配合摆弄一个物体，甚至能够做到双手同时摆弄两个物体。8个月时，他们能做出把东西拉过来或推开的动作。10个月后，婴儿手指的灵巧程度提高了，学会了用拇指和食指相对捏东西，这个时候的婴儿特别爱做重复的动作，可以长时间玩捡东西的游戏。

四、动作发展的意义

个体动作的发展，即个体获得越来越复杂的动作，这个过程都是由单一动作进行不断的组合，组成更加复杂的动作。例如，头部和上身的控制，共同组成了坐这个动作，爬、站和踏步一起构成了走这个动作。每一项新动作的获得都是由大脑中枢神经系统的发育、身体骨骼和肌肉运动能力的提高、个体内心的目标及环境、教育和练习的支持4个方面共同作用。动作经验会不断塑造和修正婴儿对自身行动的知觉和理解，扩大探索和活动的空间，促进婴儿对成人语言的理解，为个体形成初步思维活动奠定基础。

婴儿吸吮手指、抓握玩具的经历，以及大动作抬头、翻身、坐、爬、站、走等阶段的发展都是有规律的，如果提早或者剥夺婴儿的发育（如禁止婴儿吸吮手指，或者婴儿还没有得到足够的爬行练习就让他们开始学习走路），那么婴儿的四肢及各种感官协调得不到足够的训练，大脑中本应形成的协调运动和神经联系就不能建立，这样就会导致婴儿出现感觉统合失调。感觉统合失调的孩子长大后可能出现学习困难、多动症、脾气不好等情况。我们应当按照孩子生长发育的规律进行恰当的训练。

第四节　0～1岁婴儿的语言能力发展

言语是利用语言符号进行交流的行为，具有社会意义。言语活动包括语言的表达、语言的感知和理解过程。言语行为在婴儿感知、记忆、思考和学习中发挥了重要作用，同时还能够对个体的情绪、情感和行为进行调节。言语行为主要是通过后天学习逐步掌握的。0～1岁婴儿从反射性发声到产生第一个能被理解的词，处于言语发生期，这个阶段也被称为前言语阶段。

一、语言发生的基础——语音知觉

听音，即语音知觉，是婴儿语言发展的基础。胎儿在5个月的时候就已经具备了听觉，可以听到妈妈说话的声音以及外界传入的一切声音，甚至表现出语音偏好，即比起其他声音，胎儿更喜欢听语音，尤其是母亲的语音。新生儿会被突然出现的声音惊吓或惊醒，已经停止吸奶的婴儿，听到一段语音后又开始用力吸吮，甚至增加了吸吮的速度。2个月时，婴儿就能够分辨出两种声音之间的差异及节奏的变化，能够对成人说话、微笑等行为作出反应。3个月大的婴儿会以微笑、手舞足蹈等行为回应成人的语音逗引，之后婴儿听音、辨音能力会朝着更精细的方向发展。

二、语言的发生

0～1岁的婴儿经历了反射性发声阶段和咿呀学语阶段。

（一）反射性发声

新生儿出生后第一个行为就是哭。最初的哭使婴儿开始独立呼吸。新生儿的哭声是未分化的哭声，主要功能是向抚养者表达自身生理需求。当新生儿饥饿、不舒服时，会通过哭声表达诉求，与外界环境建立联系。这个时期，新生儿能够发出各种各样的声音，"咕咕"的叫声、"哇哇"的哭声、"咯咯"的笑声等，这些声音本身没有含义，但对个体语言发声起着重要作用。出生一个月后，婴儿的哭声逐渐带有条件反射的性质，出现了分化的哭叫声。

（二）咿呀学语

0～3个月婴儿发音主要是单音节。4个月之后，婴儿发音增多，而且能够发出一些连续音节，进入咿呀学语阶段。婴儿逐渐能够发出"bababababa""mamamama"这种类似成人语言中"爸""妈"的语音，最初婴儿发出这样的语音并没有实质意义，主要是偶然发出的声音，这个过程更像婴儿在进行发音游戏，类似玩自己的手一样尝试对自身进行探索与控制。7个月时，咿呀语中包括许多口语发音，9～12个月时，咿呀语出现高峰期，婴儿不仅能重复不同音节的发音，还能尝试发出同一音节从高到低的不同音调，并且开始模仿成人发音，类似词的发音开始增多。婴儿尝试着将自己的发音与外界建立联系，跟成人进行交流。例如，一位父亲用自己发出的"啊"来回应女儿发出的"啊"，而后女儿会重复这个声音，父亲再回应一次，此时双方就是在进行前语言交流。父亲和女儿这种重复发音的游戏像往来对话，这个过程教会婴儿交流需要轮流进行、双方参与。咿呀学语是一个普遍现象，所有文化都以相同的方式实现。咿呀学语期，婴儿学会调节和控制发音器官，并且通过成人的反应，淘汰环境中用不到的语音，越来越多地出现本民族语音。

（三）最初的语言

9～14个月时，婴儿开始理解词语的含义，并能够说出第一个词。当婴儿第一次对人、事、物有了较清晰、一致的理解，并能够说出相应的词时，开始真正会说话。婴儿首先掌握的第一批词汇主要是名词和动词，例如"妈妈""爸爸""走""抱""拿"等词汇。

（四）手势语

6～7个月时，婴儿开始伸手够东西。他们在伸手够东西时，成人可能会帮他们将东西拿到身边，这个过程让婴儿学习到如果他们做出"伸手"的动作，成人就可以帮助他们。8～9个月时，婴儿学会用手指指想要的东西，眼睛看向成人，这个时候手势语就发生了。10～12个月时，婴儿通过模仿学会了常见的手势语，例如摇头表示不要、挥手表示再见等。

三、语言的理解

整个婴儿期，语言理解总是先于语言产生（表3-2）。

8～9个月的婴儿处于情境性理解阶段，表现出能听懂成人的一些话，并作出相应反应。成人指着打开的电灯，不断重复地说"灯、电灯"，然后问婴儿"电灯在哪里"，婴儿就会将头转向电灯的方向，这种联系主要是情境性的。婴儿以动作来表示回答的反应，最初并非是对词语本身的确切反应，而是对整个情境的反应。婴儿大约要到11个月左右才能真正将这些词语作为独立信号作出反应，才能真正理解具体单词的意义。

10～12个月的婴儿对话语开始有了初步的理解，不仅能理解常用话语的含义，而且会用自己的动作表示对话语的理解。如问他"我们要上街去，你去吗"，婴儿就会做出奔向门口的动作。与熟人分手时，成人对孩子说"和叔叔再见"，婴儿就会做出挥手再见的动作。

表 3-2　0～1 岁婴儿的语言能力发展

月龄	发 展 指 标
0～1 个月	啼哭 能注意到说话的声音
1 个月	社会性微笑
2 个月	咕咻作声
3 个月	能进行语音游戏
4 个月	出现咿呀语

（续）

月 龄	发 展 指 标
5～6个月	咂舌声（把舌头放在嘴唇之间发出声音） 能够辨认出经常听到的声音模式
7个月	咿呀语中开始加入许多口语发声 能够辨认出母语中的所有音素
8～9个月	"爸爸""妈妈"（不恰当的发声） 能够理解一些词语 能用手势沟通，并且能比画着玩
10个月	"爸爸""妈妈"（恰当的发声） 偶尔模仿声音
11个月	说出单个词
12个月	咿呀语中包括儿童语言共有的发声和语调模式 会用一些社会性手势 不能辨认出非母语之外的语音

资料来源：

（1）George S. Morrison. 学前教育：从蒙台梭利到瑞吉欧［M］. 第 11 版 . 祝莉丽等，译 . 北京：中国人民大学出版社，2014.1：240。

（2）Laura E. Berk. 伯克毕生发展心理学——0 岁到青少年［M］. 第 4 版 . 陈会昌等，译 . 北京：中国人民大学出版社，2013.9：182。

第五节　0～1岁婴儿的情绪和社会性发展

情绪是以个体愿望和需要为中介的一种心理活动，是一种混合的心理现象，由主观体验、外部表现及生理唤醒 3 种成分构成。婴儿情绪的发展对其社会性发展具有重要意义。个体在社会化过程中，逐渐学会适应社会的各种要求。

一、情绪的发展

新生儿出生后就出现了情绪，早期情绪主要有两种唤醒状态，分别是趋向愉快的刺激以及趋向不愉快的刺激。婴儿的表情可以看作是他们情绪的指示器，婴儿天生就具备表达基本情绪的能力。

（一）情绪的表达

1. 笑

当婴儿感受到积极、愉悦情绪唤醒的时候，他们会通过笑来表达情绪。新生儿出生后就能本能性的微笑，即使没有外来刺激也会微笑，这是生理表现，与婴儿神经中枢系统活动不稳定有关，又被称为"自发性微笑"。这对婴儿发展具有积极意义，婴儿通过自发性微笑跟抚养者建立了联系，是个体社会交往的基础。

出生3~4周，新生儿开始出现无选择的社会性微笑。社会性微笑与由内源性刺激引起的自发性微笑不同，社会性微笑主要由外源性刺激引起。我们可以观察到当成人的脸出现在婴儿视野中时，他们便会停止原来进行中的动作，转而注视成人的双眼，目光交流片刻后，婴儿便开始微笑、发声、手舞足蹈，看起来十分欢愉。此时，婴儿面对陌生人和抚养者的微笑并没有太大的差别。

当成人使劲儿逗孩子时，我们能够观察到3~4个月婴儿会用出声的笑来回应。婴儿"咯咯"地笑，体现出婴儿能够协调自身感官，并将情绪和面部表情联系起来，体现出知觉水平的提升。这个阶段，婴儿开始意识到自己笑也能让抚养者笑起来。

个体出生5~6个月以后，微笑的形式变得更加多样，出现有选择的社会性微笑。他们在面对父母时，会露出表示欢喜的"脸颊向上"式微笑，在面对陌生人时，会用淡淡的笑表达友善。

2. 悲伤和愤怒

新生儿会简单、直接地通过啼哭、挥舞四肢、身体僵直来表达需求，进行沟通，这种哭属于生理性啼哭。抚养者要注意，新生儿一哭就抱并不能抚慰婴儿，恰当的做法是找到婴儿哭泣的原因，解决问题后，婴儿就能自行停止哭泣。婴儿的不舒服得到抚慰，饥饿得到解决，就会逐渐停止哭泣，这一过程也是婴儿对自身情绪调节的练习。因为饥饿而哭泣通常是有节奏的哭泣，伴随着闭眼、号叫和蹬腿等动作；而因为疼痛的哭声则是突发的，事先没有缓慢的哭泣或呜咽，直接扯开嗓门连续大哭数秒，然后则平静地呼气、吸气、再呼气。

心理性哭泣则在出生2~3个月后出现，会出现愤怒的啼哭、恐惧的啼哭和悲伤的啼哭，这些啼哭带有明显的面部表情。4~6个月后，婴儿的基本情绪逐渐表现出来，其中愤怒表情出现的频率和强度随月龄的提高而逐渐增强。这说明婴儿的认知和动作发展让婴儿对自身行为的控制能力增强。愤怒和悲伤的情绪还具有社会适应的意义，通过愤怒和悲伤的表达，抚养者能够减缓婴儿的不适。

3. 恐惧

婴儿出生7个月后，恐惧就开始出现了。多数恐惧是由陌生人或陌生情境引起的，这种恐惧称为"陌生人焦虑"。婴儿在环境中遇到一个陌生人，此时如果婴儿熟悉的抚养者在他身边，婴儿就会把抚养者作为"安全基地"，以此作为探索出发点，到陌生的环境或陌生人周围探索，并且随时会回到抚养者身边寻求情感支持。

（二）情绪的理解

刚出生的新生儿就能模仿他人的面部表情。虽然他们暂时并不明白表情的含义，但是这项能力为婴儿能够理解他人情绪奠定了基础。4个月的婴儿在和成人进行面对面交

流时，会注视着成人的面部，微笑并发出声音，期望获得成人的反应。6个月的婴儿已经可以区分高兴、愤怒和悲伤等面部表情。6个月之后的婴儿不仅可以通过成人的表情感知情绪，也能够通过成人说话时不同的语调感知情绪，他们能够听懂愉悦、冷淡和愤怒的声音。7个月以上的婴儿对面部表情的理解已经能起到社会参照作用。例如，当婴儿尝试伸手去拿带有危险性的物品时，父母如果展现出惊恐不安的表情，婴儿看到后往往会停止尝试。

二、个性和社会性的发展

（一）气质

当我们说起一个人愉快、乐观，或者说起另一个人平和、谨慎或者容易愤怒时，我们谈论的是气质。气质是人的基本特征，表现为心理活动的速度、强度、稳定性和指向性等方面的特点和差异的组合。气质不仅影响儿童对于环境的反应，还会影响他们的心理情绪和行为功能。气质的个体差异塑造了人格发展的核心。

关于婴儿气质分类的学说中，被广泛认同的是托马斯和切斯的分类。1956年，托马斯和切斯开始了对114名被试者从婴儿期到成年期气质发展的追踪研究。他们从活动水平、规律性、趋避性、适应性、反应的强度、反应阈限、心境的质量、注意力分散程度及注意持久性9个方面出发，将婴儿气质类型（表3-3）划分为容易型（约占样本的40%）、困难型（约占样本的10%）和迟缓型（约占样本的15%）。还有35%的婴儿不能明确被划分到3种类型中，属于3种气质特征的不同组合，即交叉型和过渡型。

表 3-3　托马斯和切斯的气质类型

气质类型	表　现
容易型	在婴儿期能很快地形成日常生活习惯，通常比较乐观，容易适应新环境
困难型	生活习惯不规律，接受新环境较慢，有消极和强烈的反应倾向
迟缓型	不活跃，对环境刺激的反应温和、抑制，心态消极，对新环境适应慢

在个体个性心理特征中气质最早出现，变化最为缓慢。气质差异既有遗传影响，也有环境影响。托马斯和切斯提出了一个良好匹配模型，解释了气质和环境如何共同起作用并产生最佳效果。良好匹配的意思是创设一种最适合儿童气质类型的教养环境，帮助儿童形成更具适应性的能力。容易型儿童对于各种各样的教养方式都容易适应。困难型儿童需要特别关心，家长可能会处理很多棘手的问题，这需要家长特别热情、耐心、有爱心。而迟缓型儿童在接纳新人、适应新环境、了解新事物时，更容易表现出胆小、犹豫和忧虑。要让婴儿按照自己的速度和特点去适应环境，如果过度施加压力，催促其尽快适应环境，就会引发其强烈反感，甚至是逃避。

（二）依恋

0～1岁婴儿最重要的社会性发展是发展良好的依恋关系。依恋是个体对生活中特定人物（通常是主要抚养者，例如父母）产生的一种强烈而深刻的情感联结。弗洛伊德最先提出婴儿与母亲的情感联结是以后所有人际关系的基础。艾里克森的理论也把喂养看作是母亲和婴儿建立情感联结的最初原因。而行为主义者则强调喂养对依恋形成的重要作用，母亲给婴儿哺乳的过程减轻了婴儿的压力。

关于依恋的产生，被广泛接受的是依恋习性学理论，婴儿与抚养者之间依恋的情感联结是进化的产物，增大了物种的存活概率。

20世纪50年代哈洛和同事们关于恒河猴的实验说明了依恋的重要意义。为恒河猴幼猴提供绒布做的母猴和铁丝做的母猴，虽然铁丝母猴身上有奶吃，但小猴更喜欢待在绒布做的"代理母亲"身边。该实验说明了与喂食相比，身体舒适接触对依恋形成有重要意义。

鲍尔比提出了依恋发展阶段理论，他认为个体依恋形成需要经历4个阶段。

0～6周，前依恋阶段。一些本能的信号，如抓、微笑、看成人的眼睛等，有助于新生儿与他人建立亲密关系。虽然新生儿已经能够辨认母亲的声音和气味，但他们还没有形成依恋关系，所以他们不介意留在一个陌生人身边。

6周～8个月，依恋建立期。婴儿开始对熟悉的人表现出喜好行为。对母亲表现出自发的喜悦之情。当婴儿意识到他们自己的行为能够影响周围人时，他们开始形成信任感，知道抚养者会对他们发出的信号作出反应。但是，他们在与父母分开时，虽然略微伤感，但仍然不表示抗议。

8～24个月，依恋确认期。婴儿对熟悉抚养者的依恋非常明显，表现出"分离焦虑"和"陌生人焦虑"。"分离焦虑"体现在婴儿与其依赖的成人离开时焦虑不安。"陌生人焦虑"体现在婴儿对陌生人表现出警戒和惧怕的情绪。"分离焦虑"和"陌生人焦虑"也取决于婴儿气质和当前情境。

18～48个月，双向关系形成期。婴儿与依恋对象确立关系，不管什么时候、到什么地方，婴儿对母亲形成永久的联系。他们能对依恋对象的行为进行预测，能洞察依恋对象的情感和动机，还能忍受与父母短暂的分离，知道父母终将会回到自己的身边。

在对母子依恋关系的研究中，最有影响力的是艾斯沃斯等人的研究。艾斯沃斯根据鲍尔比的依恋理论，和同事发展了评价婴儿和母亲依恋关系的实验研究范式，即"陌生情境"实验。艾斯沃斯及其同事将婴儿的依恋划分为安全型（约65％）、回避型（约20％）、拒绝型（10％～15％）和混乱型（5％～10％）。

安全型。婴儿把妈妈作为安全基地，母亲在时，婴儿与母亲接近，但并不总是靠在母亲身边，而是放心地玩耍。当母亲离开时，他们会表现出不同程度的痛苦。当母亲回来时，会立即接近母亲，寻求抚慰，并很快恢复平静，继续玩耍。对陌生人表现出不同程度的警戒和惧怕。母亲在场时，这类婴儿对待陌生人会表现出试图接近和友好的态度。这类婴儿的母亲往往对孩子的情感需求比较敏感。

回避型。婴儿对母亲采取回避态度，表现出母亲在与不在无所谓。母亲在时，婴儿似乎漠不关心。当母亲离开时，他们并无特别紧张或忧虑的表现。而当母亲再回到他们身边，他们回避妈妈，或者缓慢地走近。妈妈抱他们时，会挣脱或移动身体。这类婴儿对陌生人有时很随和、大方，有时又很冷漠。实际上这类婴儿并未形成依恋。

拒绝型。婴儿与母亲分离前寻求与母亲亲近，不离开母亲。母亲离开时，他们会大哭，母亲返回时，他们又表现出生气、拒绝等行为，有时打、推母亲。被母亲抱起后，许多婴儿继续哭，不容易被抚慰。

混乱型。婴儿与母亲重聚时，表现出很多困惑的、相互矛盾的行为。例如，在被母亲抱起或接近母亲时，表现出费解、抑郁的情绪。一些婴儿与母亲交流时表情茫然，一些婴儿在受到安慰后竟意外地哭起来，或表现出奇怪的、冷冰冰的态度。

研究表明，依恋对婴儿的情感、智力发展有着重要的影响。如果婴儿经常能从父母那里得到关爱，自身就会比较温和、友爱，形成安全感和信赖感，有利于长大后亲密关系的建立。如果婴儿失去母爱，得不到母亲或抚养者的亲近，婴儿的心理发展会受到极大的摧残，造成婴儿智力低下、性情粗暴、行为野蛮，长大后不易建立亲密关系。

第六节　0～1岁婴儿入户指导

婴儿的早期发展日益受到广大家长和教育工作者的关注，如何以科学的态度和方法对0～3岁婴幼儿进行早期教育成了研究的热点问题。0～1岁婴儿很弱小，各方面能力还发展不足，不能随便带出门到户外进行活动，这就需要早教工作者"上门服务"，即入户指导。

一、入户指导的概念

最早提出"入户指导"概念并施行的国家是美国。美国卫生部（DHHS）认为入户指导是一种在双方自愿的基础上，为了提高父母教养技能、保护和促进儿童发展、提高家庭自给自足能力而进行的一种基本服务策略。我国首次提出入户指导概念的是上海市卫计委在2011年发布的《上海市社区0～3岁婴幼儿早期启蒙指导服务规范化流程（试行）》。它将"入户指导"定义为由具有育婴师职业资格的专业指导人员或家庭计划指导员根据家庭需求，上门将指导服务送给符合条件的婴、幼儿家庭，特别是1岁以内的婴儿家庭。

国外相关研究者对入户指导这一指导形式进行了大量的研究，结果发现入户指导项目对改善亲子关系、降低家长教养压力和提升家长教养效能感等均有积极的作用。国内研究者指出，入户指导与其他家长教育形式相比，其独特优势主要体现在满足家庭个性需求和向家庭提供主动式指导。早教教师进入家庭，能够将注意力全部关注在一个宝宝身上，根据宝宝发展特点给予适宜的个性化指导。其他方式的早教服务，使得早教教师及专家在家长面前具有权威性，并产生距离感，家长在活动中被动接受相关育儿知识，很少主动发问。但在入户指导情境下，家长、宝宝在自己家里比较放松、自如，更易于和指导者积极互动，进行融洽的探讨与学习，在指导中更容易接受建议。

纵观相关研究，"入户指导"即由专业指导者进入目标家庭，为其提供早期教养方面的支持与服务，并对其家庭教养行为进行指导。入户指导应特别针对0~1岁婴儿家庭，具有教育、指导和咨询的功能。

二、入户指导的内容及策略

入户指导的内容会根据目标家庭而有所侧重。对0~1岁婴儿家庭入户指导的内容主要涵盖介绍儿童发展的知识、宣传正确的家庭教育理念、指导家长科学喂养婴儿、介绍婴儿常见疾病防治、指导家长掌握科学的家庭教育策略和方法等，促进婴儿生理、认知、语言、社会性等领域的健康发展。

入户计划的拟定、现场面对面的指导以及发放相关书面、媒体材料，是当前入户指导的主要实施途径。入户指导最主要的途径是现场指导。指导者要特别关注并引导家长和婴儿之间积极互动。

一线早教教师是入户指导的主要实施者，可以采用以下策略：

在入户指导前，主要做好前期准备工作。根据已有研究成果，大致可分为：一是通过社区联系愿意接受入户指导的家庭，并对入户指导家庭进行简单的了解。二是准备入户指导所需要的必备材料，如登记表、访谈表、玩具、相机等。三是指导者自身的准备，如入户时的服装、仪表、仪态等。

入户指导过程中，指导教师要能够有效运用相应的方法和技巧。相关研究中所提到的方法和技巧很多，归纳起来可以分为两类：一是与家长交流、沟通的方法和技巧。要做到耐心倾听家长的问题及困惑，使用家长能够接受、理解的语言进行沟通。二是指导家长科学育儿的方法和技巧，主要是传授家长照料婴儿的日常生活及发展婴儿认知、语言、社会性等方面的能力。例如，结合相关最新研究，做好与婴幼儿积极互动，通过强化原理帮助婴幼儿养成良好的习惯，如何与婴幼儿进行游戏等。

在入户指导后，主要做好指导反思及经验交流工作。指导反思是入户指导教师总结入户指导过程中的家长需求，以及组织活动中的问题和启发。经验交流则是组织多种形式的经验交流活动，如入户活动方案评比、入户指导论坛等。

入户指导的顺利进行，需要社区、家庭、指导者的共同努力。针对入户指导教师业务素质方面，入户教师不仅需要具备科学的婴幼儿保育及教育相关知识和素养，还要有扮演"儿童保育医生"的能力。另外，懂得倾听、能够与家长积极交流，也是对入户指导教师素质的基本要求。

三、入户指导的依据

关于1岁以内婴儿生理（大脑和身体）、认知能力（感知觉、注意力和记忆力）、动作技能（大动作和精细动作）、语言发展、情绪和社会性发展的具体内容可见第一节至第五节。

对于1岁以内婴儿发展的里程碑及异常表现，依据中华人民共和国教育部与联合国儿童基金会的合作项目"早期儿童养育与发展"中提出的《0～6岁儿童发展的里程碑：儿童发育异常的自查手册》，0～1岁婴儿的相关发展指标见表3-4。

表3-4 0～1岁婴儿发展指标

月龄	发 展 指 标	异常表现（尽快送孩子看医生）
0～1月	头可以从一边转向另一边 醒着时，目光能追随距眼睛20cm左右的物体 在新生儿身边摇铃，其手和脚会向中间抱紧 与陌生人的声音相比，新生儿更喜欢听母亲的声音 能分辨味道，喜欢甜味儿 对气味有感觉，当闻到难闻的气味时会转开头 当听到轻音乐、人的说话声时会安静下来 会微笑，会模仿人的表情	对大的声音没有反应 对强烈的光线没有反应 不能轻松地吸吮或吞咽 身高、体重不增加
1～3月	俯卧时能抬头，抱坐时头稳定 能把小手放进嘴里，能手握手 喜欢看妈妈的脸，看到妈妈就高兴 眼睛盯着东西看 会笑出声、会叫，能应答性发声 能以不同的哭声表达不同的需要 喜欢让熟悉的人抱，吃奶时发出高兴的声音	孩子的身高、体重和头围不能逐渐增加 不能对别人微笑 两只眼睛不能同时跟随移动的物体 不能转头找到发出声音的来源 抱坐时，头不能稳定
4～6月	能翻身，靠着东西能坐或能独坐 会紧握铃铛，主动拿玩具，拿着东西就放进嘴里咬 玩具能在两手之间交换 喜欢玩脚和脚趾头 喜欢看颜色鲜艳的东西，会盯着移动的物体看 会大声笑，会发出"欧""啊"等声音，喜欢别人跟他说话 开始认生，认识亲近的人，见生人就哭 会故意扔、摔东西 喜欢与大人玩"躲猫猫"的游戏 对周围各种东西都感兴趣 能区分别人说话的口气，受到批评会哭 有明显的害怕、焦虑、哭闹等反应	不会用手抓东西 体重、身高不能逐渐增加 不会翻身 不会笑

（续）

月龄	发 展 指 标	异常表现（尽快送孩子看医生）
7～9月	能自己坐，扶着大人或床沿能站立，扶着大人的手能走几步 会爬 能用一个玩具敲打另一个玩具 能用手抓东西吃，能用拇指、食指捏起细小的物品 能发出"ba ba"等声音 能听懂大人的一些话，如听到"爸爸"这个词时，能把头转向爸爸 喜欢要人抱，会对着镜子中的自己笑 学拍手，能按大人的指令用手指出灯、门等常见物品等 大人表扬自己时会高兴 喜欢与大人玩"躲猫猫"的游戏	不能用拇指和食指捏取东西 对新奇的声音或不寻常的声音不感兴趣 不能独坐 不会吞咽菜泥、饼干等固体食物
10～12月	长出6～8颗乳牙 能熟练地爬 扶着家具或别的东西能走 能滚皮球 喜欢反复捡起东西，再扔掉 会找到藏起来的东西，喜欢玩"藏东西"的游戏 理解一些简单的指令，如"拍手"和"再见" 会用面部表情、手势、单词与大人交流，如微笑、拍手、伸出一根手指表示1岁等，会随着音乐做动作 能配合大人穿、脱衣服 会搭1～2块积木 能模仿叫"爸爸""妈妈" 喜欢跟小朋友一起玩	当快速移动的物体靠近眼睛时，不会眨眼 还没有开始长牙 不会模仿简单的声音 不能根据简单的指令做动作，如"再见"等 不能和父母、家人友好地玩

资料来源：https：//www.unicef.cn/reports/developmental-milestone-children-0-6-years。

四、适合0～1岁婴儿的活动

早教教师可以在入户指导的时候，根据婴儿发展教给家长一些适合1岁以内婴儿在家里进行的游戏，以促进婴儿发展。例如，婴儿被动操，可以做双手胸前交叉、伸屈肘关节、肩关节运动等上肢活动，伸屈踝关节、两腿轮流伸屈、下肢伸直、上举等下肢动作，翻转身体的全身运动等。除了婴儿被动操之外，也可以做抚触游戏，家长一边说唱短小的儿歌，一边给婴儿做不同身体部位的抚触。说到五官儿歌，就可以做五官的抚触，并指出对应身体部位的名称。说到数字儿歌，可以结合婴儿手指和脚趾进行点数，既可以发展婴儿的认知，又有利于语言的发展。当然，还有一些空间的运动，如用大浴巾把婴儿包在中间，或者家长把婴儿抱在怀中轻轻摇摆，促进婴儿知觉的发展，或把婴儿举高，帮助婴儿在家长身上攀爬（注意安全），有助于婴儿改变视觉角度，建立空间概念。

随着婴儿能力的发展，0～1岁婴儿除了入户指导之外，还可以参加一些亲子活动。

第七节　0～1岁婴儿早期教育活动设计

一、活动1：小手

（一）社会交往

材料准备：仿真娃娃

教学过程：

1. 热情地向宝宝和家长们进行自我介绍，边介绍边摆弄仿真娃娃

教师指导语：亲爱的宝宝和家长们，你们好，很高兴认识大家！我是你们的××老师。欢迎大家来到这里，和老师一起做游戏。

2. 邀请宝宝做自我介绍

教师指导语：下面从老师的左手边开始，请叫到名字的宝宝喊"到"，并站在老师前面做自我介绍，介绍自己的大名、小名、性别、年龄，最后要有礼貌地说一声"谢谢"。

3. 热身活动：吹蜡烛

教师指导语：感谢宝宝们的自我介绍，让我们再次欢迎所有的宝宝（拍拍小手）。接下来，请家长们带着宝宝划着"小船"，来到老师身边"吹蜡烛"。

家长盘坐在地垫上，宝宝面向家长，坐在家长的腿上。家长盘腿当做小船，移动到教师身边。由教师给宝宝们"点蜡烛"（竖起食指，当做蜡烛），轮流"吹蜡烛"（吹一下食指，收起食指）。

（二）语言认知：儿歌《小手》

材料准备：儿歌《小手》挂图

教学过程：

1. 教师出示儿歌挂图，为宝宝和家长们范读儿歌

教师指导语：今天，老师带来了一首好听的儿歌《小手》，一起来听听吧！

我有一双小小手，一共十根手指头。

张开、握住，一抓一握全都有。

2. 教师示范颠弹游戏动作，带领家长一起说唱儿歌

教师指导语：请家长和宝宝面对面坐在地垫上，我们先来做一组儿歌颠弹游戏。家长在和宝宝说儿歌时，要有眼神的交流。

家长伸直双腿，怀抱宝宝，宝宝面对家长，坐在家长的腿上，家长边说儿歌边用腿颠弹宝宝。当说到儿歌最后一个字的时候，家长要把宝宝从两腿中间漏下去。

3. 请家长带领宝宝，按照儿歌的内容，一起做动作，如双手五指张开，左右摆动；张开五指，再握拳等

（三）走线环节

材料准备：轻音乐

教学过程：

教师指导语：请家长抱起您的宝宝，我们一起跟着音乐节奏玩"走线"游戏。（教师沿线向前走，一只手叉腰，另一只手臂侧平举）音乐声渐渐"走远"了，请家长们带着宝宝坐回原来的位置。

手臂动作设计：一只手叉腰，另一只手臂侧平举。

（四）精细动作：抓毛绒球

材料准备：毛绒球若干、长方形托盘1个、小碗（图3-1）

教学过程：

1. 教师工作时间

教师指导语：接下来，是××老师的工作时间。工作前，要先准备好工作毯和工作用具。

（1）取工作毯：右手在上，左手在下，竖着放置工作毯。

（2）铺工作毯：左手按住毯子左边，右手轻轻向右拨开毯子，双手按照从上到下的顺序抚平工作毯3次，与蒙氏线对齐。

（3）取工作用具，介绍工作用具。

教师指导语：今天，老师分享的工作是"抓毛绒球"。这是一个白色的托盘，这

图 3-1

是一碗粉色的毛绒球。老师要做的工作是抓一把粉色的毛绒球放进白色的托盘里，请看老师是怎么做的。

教师示范动作：五指张开再收拢，抓取毛绒球，移动到白色托盘的上方，再松手，让毛绒球掉落在托盘上。教师换另一只手再做一遍示范动作。

（4）教师工作结束，收工作用具。

2. 宝宝工作时间

教师指导语：下面是宝宝的工作时间。请叫到名字的宝宝到老师这里领取工作毯。拿到工作毯之后，要说一声"谢谢"。

教师指导语：铺完工作毯的宝宝请来老师这里领取工作用具。拿到工作用具时，要说

一声"谢谢"。

3. 教师观察、指导宝宝，并和家长们交流

教师指导语：距离工作结束还有一分钟的时间，请宝宝们抓紧时间。工作结束，收工作用具，将工作用具送回原处。

（五）音乐游戏：小手跳舞

材料准备：音乐《小手跳舞》

教学过程：

1. 欣赏音乐

教师指导语：今天，咱们一起欣赏一首好听的歌曲《小手跳舞》。

2. 律动

教师指导语：请家长和我一起有节奏地说唱歌词，并跟随歌曲的节奏做拍手、拍膝的动作。

（六）感统游戏：双手爬爬爬

材料准备：自制双手爬的道具、起点和终点标记物

教学过程：

教师指导语：现在是感统游戏时间。今天，我们的游戏是"双手爬爬爬"。接下来，我来介绍游戏规则。

1. 直线爬行

设置适合场地面积的直线距离，在起点和终点放置标记物，请幼儿将道具戴在手上，四肢着地，完成从起点到终点的爬行动作。

2. 绕圈爬行

设置适合场地面积的大圆圈，清晰标注圆圈的外围，幼儿将道具戴在手上，四肢着地，完成绕圈爬行的动作。

结束语：今天的活动结束了，欢迎宝宝和家长们下次一起活动。

二、活动 2：小狗

（一）社会交往

材料准备：仿真娃娃

教学过程：

1. 教师手持仿真娃娃，热情地向宝宝和家长们自我介绍

教师指导语：亲爱的宝宝和家长们，你们好，很高兴认识大家！我是你们的××老师。欢迎大家和老师一起做游戏。

2. 邀请宝宝做自我介绍

教师指导语：下面从老师的左手边开始，请叫到名字的宝宝喊"到"，并走到老师前

面做自我介绍，介绍自己的大名、小名、性别、年龄，最后要有礼貌地说一声"谢谢"。

3. 热身活动：吹蜡烛

教师指导语：所有的宝宝都完成了自我介绍，让我们再次欢迎所有的宝宝。欢迎大家（拍拍小手）。接下来，请家长们带着宝宝"划着小船"来到老师身边"吹蜡烛"。

由教师为宝宝们点蜡烛（竖起宝宝的食指），宝宝轮流吹熄蜡烛（收起食指）。

（二）语言认知：儿歌《小狗》

材料准备： 儿歌《小狗》挂图、小狗图片（图 3-2）

教学过程：

1. 教师出示儿歌挂图，为宝宝和家长们范读儿歌

教师指导语：接下来，老师带来了一首好听的儿歌《小狗》，一起来听听吧！

一只小狗门前坐，摇摇尾巴爱唱歌。

汪汪叫声真响亮，宝宝逗它欢乐多。

2. 教师示范颠弹游戏动作，带领家长一起说唱儿歌

教师指导语：请家长和宝宝面对面坐在地垫上，我们先来做一组儿歌颠弹游戏。家长在和宝宝说儿歌时，要有眼神的交流。

图 3-2

家长伸直双腿，怀抱宝宝，宝宝面对家长，坐在家长的腿上。家长边说儿歌边做颠弹动作。当说到儿歌每句最后一个字的时候，家长要把宝宝从两腿中间漏下去。

3. 请家长们带领宝宝，按照儿歌的内容一起做动作

（三）走线环节

材料准备： 轻音乐

教学过程：

教师指导语：请家长抱起您的宝宝，我们一起跟着音乐来走线。

教师指导语：音乐声渐渐消失了，请家长们带着宝宝坐回原来的位置。

手臂动作设计：一只手叉腰，另一只手侧平举。

（四）精细动作：给小球做按摩

材料准备： 表面不平整的按摩球（图 3-3）

教学过程：

1. 教师工作时间

教师指导语：接下来是××老师的工作时间。工作前，先准备好工作毯和工作用具。

（1）取工作毯：右手在上，左手在下，竖着放置工作毯。

（2）铺工作毯：左手按住毯子左边，右手轻轻向右拨开毯子，双手从上到下抚平工作毯3次，与蒙氏线对齐。

（3）取工作用具，介绍工作用具。

教师指导语：今天，老师分享的工作是"给小球做按摩"。这是一个粉色的小球，它表面有很多小凸起。老师要做的工作就是把粉色的、带有凸起的小球在手里抓、握，请看老师是怎么做的。

图3-3

教师示范动作：五指伸开——抓（按摩球）——握（按摩球，注意动作要夸张）。教师换另一只手再做一遍示范动作。

（4）教师工作结束，收工作用具。

2. 宝宝工作时间

教师指导语：下面是宝宝的工作时间。请叫到名字的宝宝到老师这里来领取工作毯。取工作毯的时候，要说一声"谢谢"。

教师指导语：铺完工作毯的宝宝请到老师这里来领取工作用具。取工作用具时，要说一声"谢谢"。

3. 教师观察、指导宝宝，并和家长们交流

教师指导语：距离工作结束还有一分钟的时间，请宝宝们抓紧时间。工作结束，收工作用具，送工作用具。

（五）音乐游戏：小狗乖乖

材料准备： 音乐《小狗乖乖》

教学过程：

1. 欣赏音乐

教师指导语：今天，咱们一起欣赏一首好听的歌曲《小狗乖乖》。

2. 律动

教师指导语：请家长和我一起有节奏地说唱歌词，并跟随儿歌的节奏一起做拍手、拍膝的动作。

教师指导语：音乐声渐渐"走远"了，让我们快快坐好，深呼吸3次，抚摸胸脯。

（六）感统游戏：小狗跨小河

材料准备： 两条彩带、小狗的图片或玩教具

教学过程：

教师指导语：现在是我们的感统游戏时间。今天，我们的游戏是"小狗跨小河"。现在，我来介绍一下游戏规则。

1. 平行摆放两条彩带

在地上放两条彩带。两条彩带需要平行摆放，中间还要间隔一定的距离。告诉宝宝：这是一条小河。宝宝手里举着小狗的图片或玩教具从彩带上跨过去。

2. 斜角摆放两条彩带

两条彩带间需要形成斜角摆放，之间要有一定的距离。宝宝手里举着小狗的图片或玩教具沿斜线走，从彩带上跨过去。

结束语：今天的活动结束了，欢迎宝宝和家长们参加下次的活动。

三、活动 3：水果宝宝

（一）社会交往

材料准备： 仿真娃娃

教学过程：

1. 教师手持仿真娃娃，热情地向宝宝和家长们自我介绍

教师指导语：亲爱的宝宝和家长们，你们好，很高兴认识大家！我是你们的××老师。欢迎大家和老师一起做游戏。

2. 邀请宝宝做自我介绍

教师指导语：下面从老师的左手边开始，请叫到名字的宝宝喊"到"，并走到老师前面做自我介绍，介绍自己的大名、小名、性别、年龄，最后要有礼貌地说一声"谢谢"。

3. 热身活动：请你像我这样做

教师指导语：所有的宝宝都完成了自我介绍，让我们再次欢迎所有的宝宝。欢迎大家（拍拍小手）！接下来，请家长们带着宝宝"划着小船"来到老师身边。

家长和宝宝围坐后，由教师带领宝宝们做"请你像我这样做"律动。

教师示范动作：请你像我这样做（拍肩膀），我就像你这样做（拍肩膀）。重复 2~3 遍，可以任意拍身体其他部位，如肚皮、大腿、膝盖等。

（二）语言认知：儿歌《大苹果》

材料准备： 苹果玩教具（图 3-4）、儿歌《大苹果》挂图

教学过程：

1. 教师出示儿歌挂图，为宝宝和家长们范读儿歌

教师指导语：接下来，老师为你们带来了一首好听的儿歌《大苹果》，一起来听一听吧！

这是一个大苹果，小朋友们爱吃它。

要吃先去洗洗手，要是手脏别碰它。

2. 教师示范颠弹游戏动作，并带领家长一起说唱儿歌

教师指导语：请家长们伸直双腿，让宝宝骑坐在您的膝盖上，我们先来做一组颠弹动作。

3. 家长和宝宝一起边说儿歌边做颠弹动作

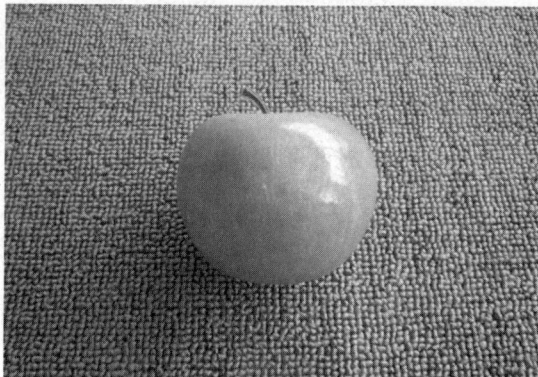

图 3-4

（三）走线环节

材料准备：轻音乐

教学过程：

教师指导语：请家长抱起您的宝宝，我们一起跟着音乐进行走线练习。

教师指导语：音乐声渐渐"走远"了，请家长们带着宝宝坐回原来的位置。

手臂动作设计：双手叉腰，再做两臂侧平举的动作。

（四）精细动作：它在哪里

材料准备：水果道具、相应水果的卡片（图 3-5）

教学过程：

1. 教师工作时间

教师指导语：接下来是××老师的工作时间。工作前，先取工作毯和工作用具。

（1）取工作毯：右手在上，左手在下，竖着放置工作毯。

（2）铺工作毯：左手按住毯子左边，右手轻轻向右拨开毯子，双手从上到下抚平工作毯 3 次，与蒙氏线对齐。

（3）取工作用具，介绍工作用具。

教师指导语：今天，老师分享的工作是"它在哪里"。这是一个红色的苹果、一根黄色的香蕉、一个黄色的鸭梨、一个橙色的橘子玩教具，这是 4 张分别画着红色

图 3-5

苹果、黄色香蕉、黄色鸭梨、橙色橘子的图片。老师要做的工作就是按照图片所示，分别将水果摆放在对应的图片前面，请看老师是怎么做的。

教师示范动作：五指张开——抓（水果）——对准（水果图片的位置）——放（水

果）。教师换另一只手再做一遍示范动作。

（4）教师工作结束，收工作用具。

2. 宝宝工作时间

教师指导语：下面是宝宝的工作时间。请叫到名字的宝宝到老师这里来领取工作毯。取工作毯的时候，要说一声"谢谢"。

教师指导语：铺完工作毯的宝宝请到老师这里来领取工作用具。取工作用具时，要说一声"谢谢"。

3. 教师观察、指导宝宝，并和家长们交流

教师指导语：距离工作结束还有一分钟的时间，请宝宝们抓紧时间。工作结束，收工作用具，送工作用具。

（五）音乐游戏：水果歌

材料准备：音乐《水果歌》

教学过程：

1. 欣赏音乐

教师指导语：今天，我们一起欣赏一首好听的歌曲《水果歌》。

2. 律动

教师指导语：请家长和我一起有节奏地说唱歌词，并跟随音乐节奏做拍手、拍大腿的动作。

教师指导语：音乐声渐渐"走远"了，让我们快快坐好，深呼吸3次，抚摸胸脯。

（六）感统游戏：带着水果来走圈

材料准备：呼啦圈、水果玩教具、小筐

教学过程：

教师指导语：现在是我们的感统游戏时间。今天，我们的游戏是"带着水果来走圈"。现在，我来介绍游戏规则。

1. 进圈再出圈

根据场地大小摆放适宜数量的呼啦圈（不超过4个），每个呼啦圈之间留有一定的距离，引导宝宝走到圈里，再走出去。

2. 运水果

在上述走圈要求的基础上，适当增加游戏难度，请宝宝从起点出发，带着一个水果一起走圈，在终点放置一个小筐，用于盛放宝宝运过来的水果。

结束语：今天的活动结束了，欢迎宝宝和家长们参加下次的活动。

四、活动 4：母鸡下蛋

（一）社会交往

材料准备：仿真娃娃

教学过程：

1. 教师手持仿真娃娃，热情地向宝宝和家长们自我介绍

教师指导语：亲爱的宝宝和家长们，你们好，很高兴认识大家！我是你们的××老师。欢迎大家和老师一起做游戏。

2. 邀请宝宝做自我介绍

教师指导语：下面从老师的左手边开始，请叫到名字的宝宝喊"到"，并到老师前面做自我介绍，介绍自己的大名、小名、性别、年龄，最后要有礼貌地说一声"谢谢"。

3. 热身活动：小小手

教师指导语：所有的宝宝都完成了自我介绍，让我们再次欢迎所有的宝宝。欢迎大家（拍拍小手）。接下来，请家长们带着宝宝"划着小船"来到老师身边。

家长和宝宝围坐后，由教师带领宝宝们做"小小手"律动。

教师示范动作：拍拍小手（拍手）点点头（点头），拍拍小手（拍手）掐掐腰（双手叉腰），我把小手举起来（两臂上举，双手五指张开），我们大家都坐好（双手放在大腿上，坐好）。

（二）语言认知：儿歌《母鸡下蛋》

材料准备：儿歌《母鸡下蛋》挂图、筐、鸡蛋玩具、纸盒（图 3-6）

教学过程：

1. 教师出示儿歌挂图，为宝宝和家长们范读儿歌

教师指导语：接下来，老师带来了一首好听的儿歌《母鸡下蛋》，一起来听听吧！

老母鸡，下了蛋，一颗一颗大又圆。

紧紧抓住大鸡蛋，放进筐里立正站。

2. 教师示范动作，带领家长一起说唱儿歌

教师示范动作：一边操作鸡蛋玩具一边朗诵儿歌，用抓的方式将鸡蛋放进筐里。抓完后，换另一只手试试同样的操作。

3. 由家长带领宝宝完成指令动作

图 3-6

（三）走线环节

材料准备：轻音乐

教学过程：

教师指导语：请家长抱起您的宝宝，我们一起跟着音乐进行走线练习。

教师指导语：音乐声渐渐"走远"了，请家长们带着宝宝坐回原来的位置。

手臂动作设计：先做一只手叉腰、另一只手臂侧平举的动作，再做两臂侧平举的动作。

（四）精细动作：打球球

材料准备：小盒子、锤子、小球若干、纸盘（图3-7）

教学过程：

1. 教师工作时间

教师指导语：接下来是××老师的工作时间。工作前，先取工作毯和工作用具。

（1）取工作毯：右手在上，左手在下，竖着放置工作毯。

（2）铺工作毯：左手按住毯子左边，右手轻轻向右拨开毯子，双手从上到下抚平工作毯3次，与蒙氏线对齐。

（3）取工作用具，介绍工作用具。

教师指导语：今天，老师和大家分享的是"打球球"的工作。这是一个小盒子，这是一些小球，这是一把锤子。老师要用锤子把圆球打进盒子里，看看老师是怎么做的。

图3-7

教师示范动作：张开五指——握（左、前、右分别做一次）——对准——打。教师换另一只手再做一遍示范动作。

2. 宝宝工作时间

教师指导语：下面是宝宝的工作时间。请叫到名字的宝宝到老师这里来领取工作毯。取工作毯的时候，要说一声"谢谢"。

教师指导语：铺完工作毯的宝宝请到老师这里来领取工作用具。取工作用具时，要说一声"谢谢"。

3. 教师观察、指导宝宝，并和家长们交流

教师指导语：距离工作结束还有一分钟的时间，请宝宝们抓紧时间。工作结束，收工作用具，送工作用具。

（五）音乐游戏：母鸡孵蛋

材料准备：母鸡玩教具、音乐《母鸡孵蛋》

教学过程：

1. 欣赏音乐

教师指导语：今天，我们一起欣赏一首好听的歌曲《母鸡孵蛋》。

2. 律动

教师指导语：请家长和我一起有节奏地说唱歌词，并一起做向前走、拍手、拍肩膀等感受节奏的动作。

教师指导语：音乐声渐渐"走远"了，让我们快快坐好，深呼吸3次，抚摸胸脯。

（六）感统游戏：运鸡蛋

材料准备：鸡蛋玩教具、起点和终点的标志物、筐

教学过程：

教师指导语：现在是我们的感统游戏时间。今天，我们的游戏是"运鸡蛋"。现在，我来介绍游戏规则。

1. 宝宝运鸡蛋

设置起点和终点，两点相距4米，并在起点和终点放置标志物进行标识。宝宝在起点取鸡蛋，独自运到终点的筐里。规定时间30秒。以宝宝是否独立完成及搬运鸡蛋的数量确定成绩。

2. 家长和宝宝合作运鸡蛋

增加游戏难度，家长与宝宝合作搬鸡蛋。家长和宝宝在起点双手叠握，捧住鸡蛋，共同运到终点，放进筐里。规定时间30秒。以家长和宝宝搬运鸡蛋的数量确定成绩。

结束语：今天的活动结束了，欢迎宝宝和家长们参加下次的活动。

五、活动5：大包子

（一）社会交往

材料准备：仿真娃娃

教学过程：

1. 教师手持仿真娃娃，热情地向宝宝和家长们自我介绍

教师指导语：亲爱的宝宝和家长们，你们好，很高兴认识大家！我是你们的××老师。欢迎大家来和老师一起做游戏。

2. 邀请宝宝做自我介绍

教师指导语：下面从老师的左手边开始，请叫到名字的宝宝喊"到"，并走到老师前面

做自我介绍，介绍自己的大名、小名、性别、年龄，最后要有礼貌地说一声"谢谢"。

3. 热身活动：请你像我这样做

教师指导语：所有的宝宝都完成了自我介绍，让我们再次欢迎所有的宝宝。欢迎大家（拍拍小手）。接下来，请家长们带着宝宝，"划着小船"，来到老师身边。

家长和宝宝围坐后，由教师带领宝宝们做"请你像我这样做"律动。

教师示范动作：请你像我这样做（拍肩膀），我就像你这样做（拍肩膀）。重复说儿歌的同时，也可以任意拍身体的其他部位。

（二）语言认知：儿歌《大包子》

材料准备：儿歌《大包子》挂图、大包子的道具（图3-8）

教学过程：

1. 教师出示儿歌挂图，为宝宝和家长们范读儿歌

教师指导语：接下来，老师带来了一首好听的儿歌《大包子》，一起来听听吧！

大包子，大肚子，

里面什么猜一猜。

咬一口，看见啦，

香香喷喷大家爱。

2. 教师示范动作，带领家长们一起说唱儿歌

图 3-8

教师指导语：请家长们伸直双腿，让宝宝骑坐在您的膝盖上，我们先来做一组颠弹动作。同时，家长有节奏地说唱儿歌。家长在和宝宝说儿歌时，要有眼神的交流。

3. 请家长们带领宝宝，按照儿歌的内容一起做动作

（三）走线环节

材料准备：轻音乐

教学过程：

教师指导语：请家长们抱起您的宝宝，我们一起跟着音乐进行走线练习。

教师指导语：音乐声渐渐"走远"了，请家长们带着宝宝坐回原来的位置。

手臂动作设计：先做一只手叉腰、另一只手臂侧平举的动作，再做两臂侧平举的动作。

（四）精细动作：取包子

材料准备：好看的包子、纸盘、蒸屉（图3-9）

教学过程:

1. 教师工作时间

教师指导语:接下来是××老师的工作时间。工作前,先取工作毯和工作用具。

(1)取工作毯:右手在上,左手在下,竖着放置工作毯。

(2)铺工作毯:左手按住毯子左边,右手轻轻向右拨开毯子,双手从上到下抚平工作毯3次,与蒙氏线对齐。

(3)取工作用具,介绍工作用具。

图 3-9

教师指导语:今天,老师分享的工作是"取包子"。这是一屉不同形状的包子,这是一个白色的盘子。老师要做的工作就是把包子从蒸屉里取出来,放进盘子里,请看老师是怎么做的。

教师示范动作:五指张开——抓(包子)——对准盘子(注意动作要夸张)——放(包子)。教师换另一只手再做一遍示范动作。

(4)教师工作结束,收工作用具。

2. 宝宝工作时间

教师指导语:下面是宝宝的工作时间。请叫到名字的宝宝到老师这里来领取工作毯。取工作毯的时候要说一声"谢谢"。

教师指导语:铺完工作毯的宝宝请到老师这里来取工作用具。取工作用具时,要说一声"谢谢"。

3. 教师观察、指导宝宝,并和家长们交流

教师指导语:距离工作结束还有一分钟的时间,请宝宝们抓紧时间。工作结束,收工作用具,送工作用具。

(五)音乐游戏:包子铺

材料准备:音乐《包子铺》

教学过程:

1. 欣赏音乐

教师指导语:今天,我们一起欣赏一首好听的歌曲《包子铺》。

2. 律动

教师指导语:请家长们和我一起有节奏地说唱歌词,并做拍手、拍膝和原地转圈的动作。请家长们引导宝宝跟着节奏摇摆身体。

(六)感统游戏:娃娃捡包子

材料准备:小筐、包子道具、起点和终点标志物、收纳篮

教学过程：

教师指导语：现在是我们的感统游戏时间。今天，我们的游戏是"娃娃捡包子"。现在，我来介绍游戏规则。

1. 捡一个包子

设定直线距离区域，在中途放置一个包子。要求每个宝宝在胸前悬挂一个小筐。宝宝从起点出发，往前跑，看见途中的包子，蹲下，捡起来，放进胸前的筐里，继续沿直线向前跑，跑到终点，将小筐里的包子放进终点的收纳篮里。

2. 捡两个包子

设定直线距离区域，在中途放置两个包子。要求每个宝宝在胸前悬挂一个小筐。宝宝从起点出发，往前跑，看见途中的包子，蹲下，捡起来，放进胸前的筐里，继续沿直线向前跑，跑到终点，将小筐里的两个包子放进终点的收纳篮里。

结束语：今天的活动结束了，欢迎宝宝和家长们参加下次的活动。

六、活动 6：小纽扣

（一）社会交往

材料准备： 仿真娃娃

教学过程：

1. 教师手持仿真娃娃，热情地向宝宝和家长们自我介绍

教师指导语：亲爱的宝宝和家长们，你们好，很高兴认识大家！我是你们的××老师。欢迎大家和老师一起做游戏。

2. 邀请宝宝做自我介绍

教师指导语：下面从老师的左手边开始，请叫到名字的宝宝喊"到"，并走到老师前面做自我介绍，介绍自己的大名、小名、性别、年龄，最后要有礼貌地说一声"谢谢"。

3. 热身活动：吹蜡烛

所有的宝宝都完成了自我介绍，让我们再次欢迎所有的宝宝。欢迎大家（拍拍小手）。接下来，请家长们带着宝宝"划着小船"，来到老师身边"吹蜡烛"。

家长们带着宝宝围坐后，由教师给宝宝们"点蜡烛"，轮流"吹蜡烛"。

（二）语言认知：儿歌《小纽扣》

材料准备： 儿歌《小纽扣》挂图

教学过程：

1. 教师出示儿歌挂图，为宝宝和家长们范读儿歌

教师指导语：接下来，老师带来了一首好听的儿歌《小纽扣》，一起来听听吧！

小纽扣，圆溜溜，

捏在手，仔细瞧，

圆纽扣，长眼睛。

2. 教师带领家长一起边说儿歌边做颠弹动作

教师指导语：请家长们和宝宝面对面坐在地垫上，我们先来做一组儿歌颠弹游戏。家长们在和宝宝说儿歌时，要有眼神的交流。

宝宝面对家长，坐在家长的腿上，一起说儿歌。当家长说到儿歌最后一个字的时候，要把宝宝从两腿中间漏下去。

3. 请家长们带领宝宝，按照儿歌的指令，一起做动作

（三）走线环节

材料准备：轻音乐

教学过程：

教师指导语：请家长们抱起您的宝宝，我们一起跟着音乐进行走线练习。

教师指导语：音乐声渐渐"走远"了，请家长们带着宝宝坐回原来的位置。

手臂动作设计：一只手叉腰，另一只手臂侧平举。

（四）精细动作：扣子坐下

材料准备：摩天轮道具、彩色扣子若干、纸盘（图 3-10）

教学过程：

1. 教师工作时间

教师指导语：接下来是××老师的工作时间。工作前，先取工作毯和工作用具。

（1）取工作毯：右手在上，左手在下，竖着放置工作毯。

（2）铺工作毯：左手按住毯子左边，右手轻轻向右拨开毯子，双手从上到下抚平工作毯 3 次，与蒙氏线对齐。

（3）取工作用具，介绍工作用具。

教师指导语：今天，老师分享的工作是"扣子坐下"。这是一个彩色的摩天轮，上面有很多座椅，这是很多彩色的漂亮扣

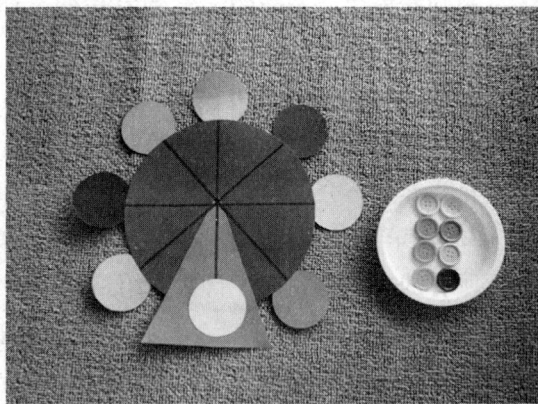

图 3-10

子。老师要做的工作就是把扣子一个一个"抓"起来，放在摩天轮对应的圆形座椅上，请看老师是怎么做的。

教师示范动作：五指张开——抓（扣子）——对准摩天轮的座椅（由顶端座椅位置开始，按顺时针方向摆放扣子，注意要对准座位，动作要夸张）——放（扣子）。教师换另一只手再做一遍示范动作。

（4）教师工作结束，收工作用具。

2. 宝宝工作时间

教师指导语：下面是宝宝的工作时间。请叫到名字的宝宝到老师这里来领取工作毯。取工作毯的时候，要说一声"谢谢"。

教师指导语：铺完工作毯的宝宝，请到老师这里来取工作用具。取工作用具时，要说一声"谢谢"。

3. 教师观察、指导宝宝，并和家长们交流

教师指导语：距离工作结束还有一分钟的时间，请宝宝们抓紧时间。工作结束，收工作用具，送工作用具。

（五）音乐游戏：纽扣歌

材料准备：音乐《纽扣歌》
教学过程：
1. 欣赏音乐
教师指导语：今天，我们一起欣赏一首好听的歌曲《纽扣歌》。
2. 律动
教师指导语：请家长们带着宝宝和我一起有节奏地说唱歌词，并做拍手、拍膝和转圈的动作。

（六）感统游戏：送纽扣回家

材料准备：纽扣、板桥、筐、欢快的音乐
教学过程：
教师指导语：现在是我们的感统游戏时间。今天，我们的游戏是"送纽扣回家"。现在，我来介绍游戏规则。

1. 平地运纽扣
在桥板的两端设置起点和终点。起点一端放纽扣，终点一端放置筐。宝宝将起点的纽扣通过桥板运送到终点的筐里。

2. 上、下坡运纽扣
将桥板搭成一定的坡度，营造上坡、下坡的效果。家长引导宝宝参与上坡、下坡的游戏，鼓励宝宝在上、下坡的板桥上独自行走。

结束语：今天的活动结束了，欢迎宝宝和家长们参加下次的活动。

七、活动7：大、小球

（一）社会交往

材料准备：仿真娃娃

教学过程:

1. 教师手持仿真娃娃,热情地向宝宝和家长们自我介绍

教师指导语:亲爱的宝宝和家长们,你们好,很高兴认识大家!我是你们的××老师。欢迎大家和老师一起做游戏。

2. 邀请宝宝做自我介绍

教师指导语:下面从老师的左手边开始,请叫到名字的宝宝喊"到",并走到老师前面做自我介绍,介绍自己的大名、小名、性别、年龄,最后要有礼貌地说一声"谢谢"。

3. 热身活动:吹蜡烛

教师指导语:所有的宝宝都完成了自我介绍,让我们再次欢迎所有的宝宝。欢迎大家(拍拍小手)。接下来,请家长们带着宝宝"划着小船",来到老师身边"吹蜡烛"。

家长们和宝宝围坐后,由教师给宝宝们"点蜡烛",轮流"吹蜡烛"。

(二)语言认知:儿歌《大、小球》

材料准备:儿歌《大、小球》挂图、大的和小的自制超轻黏土球(图3-11)

教学过程:

1. 教师出示儿歌挂图,为宝宝和家长们范读儿歌

教师指导语:接下来,老师带来了一首好听的儿歌《大、小球》,一起来听听吧!

大、小球,大、小球,

大的大、小的小,

放在手心揉一揉。

2. 教师示范颠弹游戏动作,带领家长们一起说唱儿歌

图 3-11

教师指导语:请家长们伸直双腿,让宝宝骑坐在您的膝盖上,我们先来做一组儿歌颠弹游戏。家长在和宝宝说儿歌时,要有眼神的交流。

宝宝面对或背对家长,坐在家长的腿上,家长边说儿歌边做颠弹动作。当说到儿歌最后一个字时,家长要把宝宝从两腿中间漏下去。

3. 请家长们带领宝宝,按照儿歌的内容一起做动作

(三)走线环节

材料准备:轻音乐

教学过程:

教师指导语:请家长们抱起您的宝宝,我们一起跟着音乐进行走线练习。

教师指导语：音乐声渐渐"走远"了，请家长们带着宝宝坐回原来的位置。

手臂动作设计：一只手叉腰，另一只手臂侧平举。

（四）精细动作：捏起大、小球

材料准备：小碗，托盘，一碗不同颜色的、不同大小的超轻黏土球（图3-12）

教学过程：

1. 教师工作时间

教师指导语：接下来是××老师的工作时间。工作前，先取工作毯和工作用具。

（1）取工作毯：右手在上，左手在下，竖着放置工作毯。

（2）铺工作毯：左手按住毯子左边，右手轻轻向右拨开毯子，双手从上到下抚平工作毯3次，与蒙氏线对齐。

（3）取工作用具，介绍工作用具。

教师指导语：今天，老师分享的工作是"捏起大、小球"。这是一碗彩色的、好看的大、小球，这是一个白色的盘子。老师要做

图 3-12

的工作就是将这些好看的大、小球用五指捏到白色的盘子里。请看老师是怎么做的。

教师示范动作：张开手掌——五指捏住小球——对准白色的盘子——放小球。教师换另一只手再做一遍示范动作。

（4）教师工作结束，收工作用具。

2. 宝宝工作时间

教师指导语：下面是宝宝的工作时间。请叫到名字的宝宝到老师这里来领取工作毯。取工作毯的时候，要说一声"谢谢"。

教师指导语：铺完工作毯的宝宝请到老师这里来取工作用具。取工作用具时，要说一声"谢谢"。

3. 教师观察、指导宝宝，并和家长们交流

教师指导语：距离工作结束还有一分钟的时间，请宝宝们抓紧时间。工作结束，收工作用具，送工作用具。

（五）音乐游戏：小皮球

材料准备：音乐《球儿歌》、小皮球

教学过程：

1. 欣赏音乐

教师指导语：今天，我们一起欣赏一首好听的歌曲《球儿歌》。

2. 律动

教师指导语：请家长和我一起有节奏地说唱歌词，并做拍手、拍膝和转圈的动作，感受音乐的节奏。

家长们和宝宝站在蒙氏线上，沿着蒙氏线抱着小皮球走圈儿。

教师指导语：音乐声渐渐"走远"了，让我们快快坐好，深呼吸3次，抚摸胸脯。

（六）感统游戏：抛、接球

材料准备：皮球、欢快的音乐

教学过程：

教师指导语：现在是我们的感统游戏时间。今天，我们的游戏是"抛、接球"。现在，我来介绍游戏规则。

1. 幼儿原地将皮球轻轻向下扔，皮球会自然弹回，感受皮球的弹性

2. 家长与宝宝配合，互相抛、接皮球。抛球的距离以能让宝宝接住皮球为宜

3. 调整抛球距离，让宝宝感受随着距离的增加，需要加大力度抛球

结束语：今天的活动结束了，欢迎宝宝和家长们参加下次的活动。

八、活动8：小乌龟

（一）社会交往

材料准备：仿真娃娃

教学过程：

1. 教师手持仿真娃娃，热情地向宝宝和家长们自我介绍

教师指导语：亲爱的宝宝和家长们，你们好，很高兴认识大家！我是你们的××老师。欢迎大家和老师一起做游戏。

2. 邀请宝宝做自我介绍

教师指导语：下面从老师的左手边开始，请叫到名字的宝宝喊"到"，并走到老师前面做自我介绍，介绍自己的大名、小名、性别、年龄，最后要有礼貌地说一声"谢谢"。

3. 热身活动：摸耳朵

教师指导语：所有的宝宝都完成了自我介绍，让我们再次欢迎所有的宝宝。欢迎大家（拍拍小手）。接下来，请家长们带着宝宝"划着小船"，来到老师身边做热身运动。

家长和宝宝们围坐后，由教师跟随音乐节奏，带领宝宝做双手有节奏地摸两只耳朵的动作：摸摸摸，摸耳朵，我的耳朵在这里。摸摸摸，摸耳朵，我的耳朵在这里。

（二）语言认知：儿歌《小乌龟》

材料准备：乌龟玩具（图3-13）、儿歌《小乌龟》挂图

教学过程：

1. 教师出示儿歌挂图，为宝宝和家长们范读儿歌

教师指导语：接下来，老师带来了一首好听的儿歌《小乌龟》，一起来听一听吧！

小乌龟，慢慢走，看看风景去旅游。

不怕风，不怕雨，是个坚持的小能手。

2. 教师示范颠弹游戏动作，带领家长们一起边唱儿歌边玩颠弹游戏

教师指导语：请家长们和宝宝面对面坐在地垫上，我们先来做一组儿歌颠弹游戏。家长在跟宝宝说儿歌时，要有眼神的交流。

图 3-13

宝宝面对或背对家长，坐在家长的腿上，家长边说儿歌边做颠弹动作。当家长说到儿歌最后一个字的时候，要把宝宝从两腿中间漏下去。

3. 请家长们带领宝宝，按照儿歌的内容一起做动作

（三）走线环节

材料准备：轻音乐

教学过程：

教师指导语：请家长们抱起您的宝宝，我们一起跟着音乐进行走线练习。

教师指导语：音乐声渐渐"走远"了，请家长们带着宝宝坐回原来的位置。

手臂动作设计：先做一只手叉腰、另一只手臂侧平举的动作，再做两臂侧平举的动作。

（四）精细动作：小乌龟饿啦

材料准备：自制乌龟玩教具、自制卡纸食物（图 3-14）

教学过程：

1. 教师工作时间

教师指导语：接下来是××老师的工作时间。工作前，先取工作毯和工作用具。

（1）取工作毯：右手在上，左手在下，竖着放置工作毯。

（2）铺工作毯：左手按住毯子左边，右手轻轻向右拨开毯子，双手从上到下抚平工作毯 3 次，与蒙氏线对齐。

（3）取工作用具，介绍工作用具。

教师指导语：今天，老师分享的工作是"小乌龟饿啦"。这是一只自制的乌龟玩教具，这是用卡纸做的食物。老师要做的工作就是把卡纸做的食物喂到小乌龟嘴里，请看老师是怎么做的。

教师示范动作：伸出大拇指和食指——捏食物卡片（注意动作要夸张）——对准小乌龟的嘴部——喂小乌龟吃食物。教师换另一只手再做一遍示范动作。

（4）教师工作结束，收工作用具。

2. 宝宝工作时间

教师指导语：下面是宝宝的工作时间。请叫到名字的宝宝到老师这里来领取工作毯。取工作毯的时候，要说一声"谢谢"。

教师指导语：铺完工作毯的宝宝请到老师这里来取工作用具。取工作用具时，要说一声"谢谢"。

3. 教师观察、指导宝宝，并和家长们交流

教师指导语：距离工作结束还有一分钟的时间，请宝宝抓紧时间。工作结束，收工作用具，送工作用具。

图 3-14

（五）音乐游戏：小乌龟

材料准备：音乐《小乌龟》、小乌龟教具、铃鼓

教学过程：

1. 欣赏音乐

教师指导语：今天，我们一起欣赏一首好听的歌曲《小乌龟》。大家知道乌龟有什么特征吗？（出示小乌龟教具，引导宝宝说出乌龟的主要特征，进一步加深宝宝对乌龟外形特征的认知）

2. 律动

教师指导语：请家长们和我一起有节奏地说唱歌词，做拍手、拍肩膀的动作，感受音乐的节奏。

给家长和宝宝们介绍乐器铃鼓，介绍其外形特征和使用方法，用铃鼓为歌曲伴奏。

教师指导语：音乐声渐渐"走远"了，让我们快快坐好，深呼吸 3 次，抚摸胸脯。

（六）感统游戏：小乌龟找食物

材料准备：相同颜色的小筐、帽子和小球，欢快的音乐

教学过程：

教师指导语：现在是我们的感统游戏时间。今天，我们的游戏是"小乌龟找食物"。现在，我来介绍游戏规则。

1. 单人游戏

教师发给每个宝宝一个小筐、一顶帽子和一个小球。让宝宝将小筐悬挂在胸前，宝宝

要把与帽子相同颜色的小球放进小筐里。

2. 分组竞赛

让宝宝排成两队，依次进行游戏。

教师播放欢快的音乐，示范动作，让宝宝在音乐中进行游戏。

结束语：今天的活动结束了，欢迎宝宝和家长们参加下次的活动。

九、活动9：小刺猬

（一）社会交往

材料准备：仿真娃娃、皱纹纸条

教学过程：

1. 教师手持仿真娃娃，热情地向宝宝和家长们自我介绍

教师指导语：亲爱的宝宝和家长们，你们好，很高兴认识大家！我是你们的××老师。欢迎大家和老师一起做游戏。

2. 邀请宝宝做自我介绍

教师指导语：下面从老师的左手边开始，请叫到名字的宝宝喊"到"，并走到老师前面做自我介绍，介绍自己的大名、小名、性别、年龄，最后要有礼貌地说一声"谢谢"。

3. 热身活动：吹皱纹纸

教师指导语：所有的宝宝都完成了自我介绍，让我们再次欢迎所有的宝宝。欢迎大家（拍拍小手）。接下来，请家长们带领宝宝"划着小船"来到老师身边，吹皱纹纸条。

家长和宝宝们围坐后，由教师把皱纹纸条套在食指上，放在宝宝们的嘴边，让宝宝们吹，宝宝们轮流吹皱纹纸条，感受纸条飘动的样子。

（二）语言认知：儿歌《小刺猬》

材料准备：刺猬玩教具、儿歌《小刺猬》挂图

教学过程：

1. 教师出示儿歌挂图，为宝宝和家长们范读儿歌

教师指导语：接下来，老师带来了一首好听的儿歌《小刺猬》，一起来听听吧！

小刺猬，找吃的，

出了窝，地上爬。

找到草莓乐开花，

用刺一扎背回家。

2. 教师示范颠弹游戏动作，带领家长一起边唱儿歌边玩颠弹游戏

教师指导语：请家长们伸直双腿，让宝宝骑坐在您的膝盖上，我们先来做一组颠弹游戏。家长在和宝宝说儿歌时，要有眼神的交流。

3. 请家长们带领宝宝按照儿歌的指令一起做动作

（三）走线环节

材料准备：轻音乐

教学过程：

教师指导语：请家长们抱起您的宝宝，我们一起跟着音乐进行走线练习。

教师指导语：音乐声渐渐"走远"了，请家长们带着宝宝坐回原来的位置。

手臂动作设计：双手叉腰。

（四）精细动作：长刺的小刺猬

材料准备：自制刺猬玩教具、棉签（图 3-15）

教学过程：

1. 教师工作时间

教师指导语：接下来是××老师的工作时间。工作前，先取工作毯和工作用具。

（1）取工作毯：右手在上，左手在下，竖着放置工作毯。

（2）铺工作毯：左手按住毯子左边，右手轻轻向右拨开毯子，双手从上到下抚平工作毯 3 次，与蒙氏线对齐。

（3）取工作用具，介绍工作用具。

教师指导语：今天，老师分享的工作是"长刺的小刺猬"。这是一只棕色的小刺猬玩具，这是棉签。老师要做的工作就是

图 3-15

把棉签从左到右依次插进小刺猬的后背，让小刺猬长满刺，请看老师是怎么做的。

教师示范动作：大拇指和食指捏棉签——对准——插棉签。教师换另一只手再做一遍示范动作。

（4）教师工作结束，收工作用具。

2. 宝宝工作时间

教师指导语：下面是宝宝的工作时间。请叫到名字的宝宝到老师这里来领取工作毯。取工作毯的时候，要说一声"谢谢"。

教师指导语：铺完工作毯的宝宝请到老师这里来取工作用具。取工作用具时，要说一声"谢谢"。

3. 教师观察、指导宝宝，并和家长们交流

教师指导语：距离工作结束还有一分钟的时间，请宝宝们抓紧时间。工作结束，收工作用具，送工作用具。

（五）音乐游戏：小刺猬

材料准备： 音乐《小刺猬》

教学过程：

1. 欣赏音乐

教师指导语：今天，我们一起欣赏一首好听的歌曲《小刺猬》。

2. 律动

教师指导语：请家长们和我一起有节奏地说唱歌词，沿着蒙氏线走圈儿，同时做拍手、拍膝的动作。

教师指导语：音乐声渐渐"走远"了，让我们快快坐好，深呼吸3次，抚摸胸脯。

（六）感统游戏：爬行的小刺猬

材料准备： 水果玩教具

教学过程：

教师指导语：现在是我们的感统游戏时间。今天，我们的游戏是"爬行的小刺猬"。现在，我来介绍游戏规则。

1. 沿直线爬行

设置带有起点和终点的一条直线，让宝宝从起点出发，沿直线爬行，爬到终点。

2. 背一个水果爬行

在原有爬行练习的基础上，给每位宝宝的背上放一个水果玩教具，让宝宝继续爬行。

3. 背两个水果爬行

在原有爬行练习的基础上，给每位宝宝的背上放两个水果玩教具，让宝宝继续爬行。

结束语：今天的活动结束了，欢迎宝宝和家长们参加下次的活动。

十、活动10：蔬菜和水果

（一）社会交往

材料准备： 仿真娃娃

教学过程：

1. 教师手持仿真娃娃，热情地向宝宝和家长们自我介绍

教师指导语：亲爱的宝宝和家长们，你们好，很高兴认识大家！我是你们的××老师。欢迎大家和老师一起做游戏。

2. 邀请宝宝做自我介绍

教师指导语：下面从老师的左手边开始，请叫到名字的宝宝喊"到"，并走到老师前面做自我介绍，介绍自己的大名、小名、性别、年龄，最后要有礼貌地说一声

"谢谢"。

3. 热身活动：拍手儿歌

教师指导语：所有的宝宝都完成了自我介绍，让我们再次欢迎所有的宝宝。欢迎大家（拍拍小手）。接下来，请家长们带着宝宝"划着小船"，来到老师身边。

家长和宝宝们围坐一圈儿，由教师带领宝宝们做"拍手儿歌"律动。

教师示范动作：握住、松开，小手拍一拍。握住、松开，小脑袋拍一拍。握住、松开，小脸蛋拍一拍。握住、松开，小肚子拍一拍（以此类推，任意拍身体其他部位）。

（二）语言认知：儿歌《南瓜和橙子》

材料准备：南瓜和橙子的玩教具或图片、儿歌《南瓜和橙子》挂图
教学过程：

1. 教师出示儿歌挂图，为宝宝和家长们范读儿歌

教师指导语：接下来，老师带来了一首好听的儿歌《南瓜和橙子》。

黄南瓜、红橙子，黄的黄来红的红。

吃南瓜、吃橙子，蔬菜水果全吃光。

2. 教师示范拉锯游戏动作，带领家长一起边唱儿歌边玩拉锯游戏

教师指导语：请家长伸直双腿，让宝宝骑坐在您的膝盖上，我们先来做一组"拉锯"游戏。家长跟宝宝说儿歌时，要有眼神的交流。

教师指导语：请家长盘起双腿，与宝宝面对面坐好，并拉好双手，我们来做一组"拉锯"游戏。家长跟宝宝说儿歌时，要有眼神的交流。

3. 请家长们带领宝宝按照儿歌的内容一起做"拉锯"动作

（三）走线环节

材料准备：轻音乐
教学过程：

教师指导语：请家长们抱起您的宝宝，我们一起跟着音乐进行走线练习。

教师指导语：音乐声渐渐"走远"了，请家长们带着宝宝坐回原来的位置。

手臂动作设计：双手叉腰。

（四）精细动作：梨和橙子要分家

材料准备：3个碗、梨和橙子玩教具若干（图3-16）
教学过程：

1. 教师工作时间

教师指导语：接下来是××老师的工作时间。工作前，先取工作毯和工作用具。

（1）取工作毯：右手在上，左手在下，竖着放置工作毯。

（2）铺工作毯：左手按住毯子左边，右手轻轻向右拨开毯子，双手从上到下抚平工作毯3次，与蒙氏线对齐。

（3）取工作用具，介绍工作用具。

教师指导语：今天，老师分享的工作是"梨和橙子要分家"。这是两个绿色的空碗，这是黄色的梨，这是橙色的橙子。老师要做的工作就是把黄色的梨和橙色的橙子分别放进不同的碗里，请看老师是怎么做的。

图 3-16

教师示范动作：五指张开——抓（梨或橙子）——对准——放（梨或橙子）。教师换另一只手再做一遍示范动作。

（4）教师工作结束，收工作用具。

2. 宝宝工作时间

教师指导语：下面是宝宝的工作时间。请叫到名字的宝宝到老师这里来领取工作毯。取工作毯的时候，要说一声"谢谢"。

教师指导语：铺完工作毯的宝宝请到老师这里来取工作用具。取工作用具时，要说一声"谢谢"。

3. 教师观察、指导宝宝，并和家长们交流

教师指导语：距离工作结束还有一分钟的时间，请宝宝们抓紧时间。工作结束，收工作用具，送工作用具。

（五）音乐游戏：橙子变变变

材料准备：音乐《橙子变变变》
教学过程：
1. 欣赏音乐
教师指导语：今天，我们一起欣赏一首好听的歌曲《橙子变变变》。
2. 律动
教师指导语：请家长们和我一起有节奏地说唱歌词，并做拍手、拍膝和转圈的动作。
教师指导语：音乐声渐渐"走远"了，让我们快快坐好，深呼吸3次，抚摸胸脯。

（六）感统游戏：大家一起摘南瓜

材料准备：南瓜玩教具、平衡板
教学过程：
教师指导语：现在是我们的感统游戏时间。今天，我们的游戏是"大家一起摘南瓜"。现在，我来介绍游戏规则。

1. 排队摘南瓜

教师与宝宝相互配合，练习摘南瓜。教师抱住南瓜，宝宝们按顺序排队，轮流摘下南瓜。由教师控制游戏进程，判断宝宝是否可以摘下南瓜。

2. 过障碍，摘南瓜

宝宝们分成两队，独自走过平衡板，与教师互动，玩"大家一起摘南瓜"的游戏。

结束语：今天的活动结束了，欢迎宝宝和家长们参加下次的活动。

第四章

1～2岁幼儿早期教育活动的设计与实践

第一节 1～2岁幼儿的生理发展

一、大脑的发展

进入1周岁以后，幼儿在大脑、身体动作技能等方面进一步发展。但成长速度有差异，总的来说，一般女孩比男孩发育得更早、更快。新生儿在出生之后，大脑的重量大约是成人的1/4，1岁的时候可以达到1/2，2岁的时候可以达到3/4，头围将达到其成年时的90%。除了大脑体积、重量的变化，大脑皮层、表面神经元也有突飞猛进的发展。因此，进入1周岁以后，幼儿哭泣和睡眠的时间与早期相比，开始逐渐缩短，伴随着大脑的逐渐成熟，幼儿的自我控制能力也在进一步提升。

二、体格的发展

从1岁开始，幼儿进入了又一个生长发育的重要时期，身体迅速发育，认知范围逐渐扩大。婴幼儿生命中的前两年是他们快速生长的时期，到1周岁时，体重是出生时的3倍，约为10kg。尽管第二年体重增长相对缓慢，但是仍会持续增长。到2岁时，一般幼儿的体重是出生时的4倍，约为14kg。1岁末时，婴儿已经长高了30.5cm，达到76cm。到2岁时，幼儿的身高大约为91cm。在婴儿将满1周岁时，虽然他的身高和体重增长速度不如最初几个月那么快，但还会始终保持相对稳定的增长状态。婴幼儿身体的各个部位不是以相同的速度生长的。刚出生时，新生儿的头部占整个身体比例的1/4，在生命的前两年，身体其余部位的发育开始赶上来。到2岁时，幼儿头部是身高的1/5，而到了成年期就只有1/8了。在身高和体重方面也存在性别差异。总的来说，女婴比男婴的体重略轻，身高略矮，这种差异在整个婴幼儿期都是如此。

第二节 1～2岁幼儿的认知能力发展（表4-1）

一、感知觉的发展

1～2岁阶段，幼儿的感觉和知觉有了突飞猛进的发展。12个月的婴儿已经可以通过颜色和形状对玩具进行分类，并开始早期的模仿学习。到了2周岁时，已经开始可以尝试使用简单的策略或计划进行学习。

（一）听觉

1周岁以后，幼儿的听力开始变得更为敏感，可以听到更多低频的声音，父亲的声音不会再被他们忽略。大约到2周岁时，其听力基本可以达到成年人的水平。同时，幼儿逐渐完善对距离的判断。当幼儿听到逐渐接近的声音，能判断是否会发生接触或碰撞，并提前作出反应。

早期婴幼儿的听力障碍很难被诊断出来，一般在2岁半到3岁才能被确诊，而这个时期又是语言发展的关键期。中国有句俗话叫"十聋九哑",说的就是听力有障碍必定会影响语言的发展,尤其是口语的发展。因此,要及早发现幼儿的听力障碍并进行干预。相关研究表明,婴儿的听力障碍在6个月之前发现并进行积极、有效的干预,会有效降低对其语言发展的影响。

(二)视觉

在人类所有的感觉当中,视觉对人类最为重要,是所有感觉器官中最主要的信息收集渠道。在人类所有接收外部信息的渠道中,80%以上都是通过视觉获得的。人类的视觉系统较其他动物相对发达。婴儿在出生后就可以睁开眼睛,能迅速接受并适应新环境的刺激,而有些小动物在出生后的一段时间内都无法睁眼,比如小猫出生一周左右才会睁眼,需要一段时间的适应过程。

不过,新生儿在出生后视觉的敏锐性很低,基本上等同于高度近视眼,看到的一切都比较模糊。父母们站在他们面前的时候,他们看到的只是非常模糊的影子,基本上看不清五官和细节。视觉敏锐性在6个月到1岁的时候快速发展,到了1周岁左右,幼儿的视力基本能够达到成年人的水平,但仍然是近视眼,需要较长的一段时间才能达到较好的状态。因此,在婴幼儿阶段,保护眼睛,注意用眼卫生,是所有家长们应该关注的一个问题。多数儿童最终变成了近视眼,并不是看电视或者玩手机时间过长,而是在用眼的时候光线不足、姿势不正确导致的。因此,家长们要保证家里光线充足,并从小培养儿童正确的姿势和习惯,从而减少近视眼的发病率。

二、注意的发展

注意是心理活动对一定对象的指向和集中。根据注意时是否有目的以及是否需要意志的努力将注意分为无意注意和有意注意。无意注意是指无预定目的,也不需要意志的努力,自然而然发生的注意。例如,当婴儿正在哭泣时,拿一个颜色鲜艳的玩具在其眼前晃动或是敲打一个物体发出响声,婴儿很快就会停止哭泣,目不转睛地盯着玩具或物体看,这种注意没有预定的目的,也无需意志的努力,而是在外界刺激的作用下不自主地产生的。对于0~3岁婴幼儿来说,他们的自控力尚未发展起来,很难通过意志努力集中注意。因此,他们无意注意的发展要优于有意注意的发展。

1岁以后,幼儿的口语开始逐渐发展,虽然到2岁之前还不能完整地说出长句子,但是对于成年人的简单语言指令已经能较为准确的理解。所以,这个时期,幼儿的注意开始受到言语的支配。例如,在马路上,大人说到"汽车",幼儿便会把注意力集中到汽车上;当幼儿正注视一个毛绒玩具时,他可以根据成年人的指令或动作将注意力转移到另一个事物上。总的来说,1岁左右的幼儿就能控制、转移注意;2岁时,能根据成人的手势、言语等,将注意力转移到指定的目标上。他们的注意能持续一段时间,并且随个体的发展而逐渐延长。一般来说,1岁半时能集中注意力5~8分钟,2岁时10~20分钟,能独自玩较长的时间。此外,1~2岁幼儿注意的发展与"客体永久性"的认识密不可分。1岁左右的幼儿特别喜欢玩的游戏就是"躲猫猫"。父母藏起来了，不见了，他会用眼睛到处寻找。当父母再次出现时，孩子往往会表现出极其兴奋的样子。正是因为幼儿的注意保持了期待，当期待的事物再次出现，才会让他如此高兴。这个阶段，对幼儿来说，其他类似躲藏的游戏也是百玩不厌的，道理也是如此。

三、记忆的发展

近些年来，西方一些研究者的研究表明新生儿有一定的记忆能力。1～2岁左右的幼儿由于缺乏知识经验，记忆往往以机械记忆为主，采用简单、重复的方式进行识记。运动记忆是婴儿最早出现的记忆形式，会在出生后2周左右出现。1岁以后的幼儿大多开始独立行走，行走得越来越稳，还会开始做简单的跳跃动作练习，这都与运动记忆有关。情绪记忆是对体验过的情绪或情感的记忆，出现稍晚于运动记忆，在出生后6个月左右出现。1岁以后的幼儿会比较明显地表现出对某些事物的喜爱、厌恶和憎恨。例如，某个人曾经给幼儿带来不愉快的体验。当这个人再次出现时，幼儿会立刻表现出恐惧的心理、抗拒的行为。形象记忆大约在婴儿6～12个月时出现。形象记忆是以感知事物的具体形象为内容的记忆。1～2岁的幼儿已经能够较为准确地辨认自己家庭的主要成员，如爸爸、妈妈、爷爷、奶奶，也能认出自己比较熟悉的物体，如玩具、婴儿车等。对于1岁的幼儿来说，更重要的是，他们开始出现以语言材料为内容的记忆，即语词记忆。

1～2岁幼儿的长时记忆得到了很大的发展，最为明显的是记忆保持时间明显延长，他们学习和掌握的知识技能可以保持数天或数周。一般认为，1岁左右的幼儿能够回忆几天或十几天前的事情。2岁左右，记忆可以保持几个星期。把幼儿熟悉的东西藏起来，过了一些日子之后，幼儿会去寻找。1～2岁幼儿会认生。认生表明幼儿能够记住熟悉人物的形象，并能够保持较长时间。在此阶段，幼儿开始出现大量的模仿动作，这些模仿动作的出现也表明长时记忆的发展。不仅如此，幼儿记忆的对象明显增加了。1岁左右的幼儿能够记住自己常用的东西和部分小朋友的名字。2岁时，不但能够记住小朋友的名字，还能够背诵简单的儿歌。

四、思维的发展

思维是人脑借助言语、表象和动作实现的、对客观现实的概括和间接的反应。因此，新生儿到1岁以前是没有思维的，只有本能的无条件反射，如吃奶时的吮吸反射等。1岁以后，随着幼儿活动能力的增强、记忆能力的提升，尤其是语言能力的进一步发展，幼儿最终会产生具有概括性和间接性的思维萌芽，其标志是延迟模仿能力的出现。皮亚杰认为幼儿在1岁半后就具有了这种能力，即使在新环境中，幼儿仍然能对以前看过的行为进行模仿。延迟模仿的出现，代表幼儿能够在头脑中存储一定的言语、表象和动作，并在需要时对所记忆的内容进行提取和再现。2岁前的幼儿以直觉动作思维为主。直觉动作思维只能解决一些非常简单的问题，比如在挖沙游戏的过程中，幼儿用铲子将沙子铲进小车里，然后再倒掉，并不断重复这个动作。幼儿在做手工作品或绘画时，往往用橡皮泥搓出一个个圆球或一根根长条，画画也只能画出比较单一的图形或图案，图形比较简单且相对孤立。2 岁以前的幼儿，其思维离开具体的实际行动将无法进行，每一步都和实际行动分不开，缺少概括性，例如当幼儿要玩开火车的游戏时，必须有玩具火车才能玩，如果玩具火车被收起来了，他就会忘记开火车这件事。当成人把玩具放在高处、幼儿拿不到时，刚开始，他总是试图用手去拿，拿不到才会想到用小棍儿等工具去拨。这些思维活动是与感知觉和自身的行为分不开的，可以说婴儿是在感知动作中思维。

表 4-1　1～2 岁幼儿的认知能力发展

认知能力	发 展 指 标
感知觉能力	听力：能听到更多低频的声音，如说话声（不再忽略爸爸的声音）、走路声、一般的哼歌声 视力：1 岁左右的幼儿视力度数大约在 0.2～0.3，仍是近视眼，可以通过视觉来观察身边更细小的事物，能有协调的精细动作，如用手抓取玩具或食物等
注意力	以无意注意为主，能够在成人手势、语言的支配下转移、控制注意力，如当妈妈和宝宝面对面交流时，妈妈手举着一个玩偶并对宝宝说："宝宝快看，这是小猪佩奇！"这时，宝宝能将注意力转移到玩偶上 注意力保持在 10 分钟左右，能够独立玩耍很长时间
记忆力	能对动作（如走路、跳跃）、情绪（如喜爱、厌恶）、形象（如辨认自己的爸爸、妈妈）等产生记忆，更重要的是他们能记忆词语，这与幼儿语言能力的发展息息相关。1 岁左右的幼儿能够回忆几天或十几天前的事情。2 岁左右，记忆可以保持几个星期
思维能力	以直觉思维为主。这一阶段的幼儿玩的游戏动作较为简单，基本没有主题和情节，随意性也较大，如单调地挖沙、垒高积木等 所有的游戏和活动离不开实际行动，必须有实物在面前才能进行游戏

第三节　1～2 岁幼儿的动作技能发展

动作技能是人类生存和生活最重要的一种基本能力。可以说，动作发展是 0～3 岁婴幼儿早期发展的重要指标（表 4-2）。动作的发展在某种程度上标志着心理发展的水平。因此，在婴幼儿智能发育检查中，大动作和精细动作的发展是检查的一个重要方面。

一、大动作技能的发展

11 个月左右，婴儿开始独自站立；到 1 周岁左右，大约一半的幼儿可以独立行走；1 岁半的时候可以小步慢跑；2 周岁左右，行走技能趋于完善。独立行走对于幼儿来说意义重大，主要体现在独立性方面。幼儿在能够独立行走之后，活动范围进一步扩大，父母可以将幼儿带到更远的地方进行室外活动，从而提升幼儿的生活经验。对于不同的国家来说，家长带着幼儿进行室外活动的模式有着很大的区别。非洲的很多国家，父母习惯带着孩子经常在户外活动。欧美等国家，由于人口密度低，房子一般较大且有草坪。幼儿可以随意在户外爬行、走动、奔跑等。因此，欧美、非洲等地区的幼儿在很小的时候就能够表现出较高水平的动作技能发展。中国的父母对幼儿的保护意识较强，同时中国多数城市人口密度较大、房子较小、活动空间有限，再加上中国历来更重视知识的学习，忽视身体技能方面的训练。因此，和欧洲、美洲、非洲的幼儿相比，中国的幼儿运动水平较低，肌肉力量较弱。

二、精细动作技能的发展

早期婴儿因为视觉不够发达，所以大多靠触觉来决定抓握模式以及感知物体的形状。1岁以后，幼儿更多使用视觉信息来决定抓握模式，有的幼儿会在白天花大量时间对尽可能多的物体进行探索，这些物体包括任何可以用手抓住或放进嘴里的物体。同时，幼儿的行为也包括扔和投掷物体等动作，如把门和抽屉反复地打开再关上、把物体立起来再放倒、把物体放在一起再分开、不停地按压墙壁上的电源开关等行为。

1岁左右的幼儿开始尝试利用工具如勺子等来完成相应的任务，如进食，但仍需在成人的帮助下完成。在此期间，幼儿的精细动作稳步发展，能够看到并抓握更为细小的物体，完成更为精准的动作，犯错误的频率逐渐降低，比如在进食过程中洒落的食物会逐渐减少，但是在这个阶段还不容易看出幼儿究竟是左利手还是右利手，擅长使用哪只手，要在2岁时才能被观察到。

表4-2　1～2岁幼儿的动作技能发展

动作技能	发 展 指 标
大动作技能	能较自如地走路，平稳地跑步
	能自如地蹲下，捡大小不同的东西
	能较快地爬行
	能绕过和钻过障碍物
精细动作技能	会举手投物、击物
	会滚球、投球和踢球
	初步掌握动作的准确度、灵活性、协调性，敢于大胆尝试
	喜欢与同伴、家长共同活动，保持积极、愉快的情绪及亲密的情感

第四节　1～2岁幼儿的语言能力发展

新生儿对人类的语言都会表现出兴趣。但是1岁之后，逐渐表现出只对母语感兴趣。幼儿语言能力的发展始终遵循着"先听懂，后会说"的基本规律。经过0～1岁反射性发声和咿呀学语阶段，1岁左右的幼儿已经能听懂成人简单的语言，并说出了第一批有真正意义的单词。1～2岁幼儿语言理解能力快速发展，开始主动说出一些单词句和双词句（表4-3）。

幼儿早期的语言发展可以通过一些游戏和活动来培养，比如通过声音、动作、笑容或其他面部表情进行沟通，最常见的非语言游戏就是藏猫猫，这类游戏包含了基本的规则、可重复性和行为的可预测性，所以也可能包含有语言的基础。进入1岁以后，幼儿的口语开始逐渐发展。作为家长，应该采取多种措施来促进幼儿语言的发展。比如，家长可以给孩子介绍物体、人物等，让孩子尝试说出来，并进行鼓励和强化。后期随着幼儿口语的进一步完善，家长可以逐渐纠正幼儿口语中的语法错误，并进行解释，这种方法可以有效地促进幼儿语言能力的发展。根据统计，美国的中产阶级家庭当中有30%使用这种策略，而低收入家庭则较少使用。

表4-3 1～2岁幼儿的语言能力发展

年龄	语言发展阶段	发 展 指 标
1～1.5岁	单词句阶段	1. 发出单个的、重叠的音，如饭饭、车车、鸭鸭，而不说吃饭、汽车、鸭子 2. 以词代句、一词多义，如"车车"，在玩具店表示"我想买汽车"；在户外玩耍时，看到另一个小朋友拿着汽车，表示"我也想要拥有或玩汽车"；总之，成年人要结合不同的环境和幼儿说出该词语附带的手势、表情等多种因素，才能理解其具体的意思 3. 以音代物，通过模仿物体的声音来表示物体。"滴—滴—滴"表示汽车；"喵—喵—喵"表示小猫 4. 掌握的词大多是幼儿日常生活中经常接触的事物，比如他所熟悉的物品名称、熟悉人物的称谓和见过的动物名称，还有一些表示身体动作的动词。因此，为了更好地促进这个阶段幼儿的语言发展，父母应注意多和孩子交流，多带领孩子接触新鲜事物
1.5～2岁	双词句阶段	1. 词汇大量增加，"词语爆炸"现象就出现在这个阶段；这个阶段的幼儿平均每个月掌握25个新词。18个月的幼儿经常能说出的词语大约有20个，20个月能说出100个左右，24个月则能说出300多个词语 2. 开始说"电报句"，即会说2～5个词组成的句子，非常简练，就像成人打电报时的语言，如"爸爸抱""宝宝要"等。大约从20个月以后会出现一个语言的"爆发期"，电报句以每月翻一番的速率增加。21个月的幼儿能说约50个电报句，22个月能说100个左右，23个月能达到300个左右，而到2周岁猛增到1 000个左右。这一阶段的幼儿会说出许多家长意想不到的话，有些幼儿已会唱儿歌、背简短的唐诗，并能与家长进行简单的语言交流

第五节 1～2岁幼儿的社会性发展（表4-4）

一、人际交往（依恋）的发展

在幼儿期，社会性发展最重要的方面是依恋的形成。1～2岁的幼儿处于依恋关系确立

期。在此阶段，幼儿对主要看护人的偏爱变得更为强烈。由于幼儿运动能力的发展，他们可以主动接近、亲近人和探索环境，同时他们把母亲或看护人看作是一个"安全基地"，从此点出发，去探索周围的世界。当有安全需要时，又返回看护人身边，然后再进一步去探索。这个阶段的幼儿可能会出现"分离焦虑"，离开看护人时，会感到不安，对陌生人采取谨慎与回避的态度，很少微笑和咿呀作语。与亲人分离时常表现出反抗、紧张、恐惧的情绪。他们渴望与主要看护人交流，请求帮助，以及表达他们的情感。当幼儿由于疲劳或轻微的疾病而心情不佳时，此时可能会变得比平时更加黏人，并且更希望有主要看护人的陪伴。

二、自我意识的发展

自我意识是个体对于自己以及自己与他人关系的认识。自我意识的萌芽是幼儿成长过程中的一大进步，是他们认识世界和发展个性的基础。刚出生的新生儿处于一种混沌的状态，不能把自己和周围的世界区分开来，无法意识到自己身体的存在，这时候的新生儿是没有自我意识的。通过镜像自我认知试验发现，人类真正的自我意识大约在18～24月龄时出现。1～2岁的幼儿大多学会了走路，行动能力的增强为他们探索周围环境提供了便利条件。幼儿学会走路以后，往往通过一定的动作，如踢动地上的皮球、按台灯的开关等来感受自己的"力量"。他们也非常喜欢触摸身边的物品，通过触摸获得感受，会逐渐意识到自己与其他人或事物之间是有区别的。随着自我意识和行动能力的发展，幼儿独立的愿望越来越强烈，开始有了自己的主张。比如吃饭的时候，会执意自己拿勺子，尽管他把饭撒得到处都是，却拒绝大人喂饭。玩积木的时候，对于爸爸、妈妈搭好的积木"毫不领情"，总是大搞"破坏"，然后自己动手搭建。

三、情绪的发展

新生儿从出生后便会产生情绪表现，或哭或安静，这是人类原始情绪的反应，是人类与生俱来的遗传本能。婴儿出生一段时间后，在成熟和后天环境的作用下，情绪不断分化。但是，对于婴儿到底在何时出现何种情绪，先后次序如何，则没有统一的定论。近1岁的幼儿已经能够笼统地辨别成人的表情，例如对他微笑，他会笑；如果接着立即对他做出严厉的表情，幼儿会马上哭起来。随着年龄的增长，幼儿的情绪越来越丰富。刚出生的新生儿只有少数的几种情绪，随着年龄的增长，不断分化、增加。1岁半左右的幼儿由于自我意识和交往、认知能力的发展，进一步产生了羞愧、自豪、骄傲、内疚和同情等情绪。

总的来说，1～2岁幼儿情绪有以下几个特点。第一，情绪主要与生理需求相关。1～2岁的幼儿还不能完全用语言准确地表达自己的生理感受，所以，当他饿了、渴了、尿裤子了或者拉便便了，有时就会大声哭闹，希望看护人能快点来帮忙。第二，容易冲动。1～2岁的幼儿会突然拼了命地大哭起来，久久不能平静下来。这是因为这一阶段的幼儿情绪容易冲动，常常处于激动状态，不能自控，好像全身心被不可遏制的力量所支配。第三，情绪不稳定。他们可能因为得不到自己喜欢的玩具而大哭，如果妈妈递给他一颗糖或抱起来给予安慰，他的情绪会立刻好起来，即使眼角还挂着眼泪，这就是"破涕为笑"。有一句话说的是"天气就像小孩的脸说变就变",这句话充分说明1～2岁幼儿的情绪非常不稳定,主要表现为两种对立的情绪在短时间内互相转换。第四,不会掩饰自己的情绪。1～2岁的幼儿不能意识到自己情绪的外部表现,如语言、表情和身体动作,也不会调节自己的情绪,他们的情绪完全表露在外,丝毫不加控制,想哭就哭,想笑就笑。一直到5、6岁,他们才有意识地克制自己的情绪。第五,与非生理性需求相关的情绪出现。1～2岁幼儿的情绪已经获得了一定的发展,不再只有原始情绪了,与非生理性需求相关的情绪相继出现。这就是这个阶段幼儿的表现,随着幼儿独立意识的增长,他们不再是一个只会躺在床上、通过哭声来满足生理需求的婴儿,他们变得更有想法、更会"作",也更可爱,父母们要愉快地接纳他们,并用更多的爱与温暖积极地引导、陪伴他们,度过这一年。

表4-4 1～2岁幼儿的社会性发展

社会性方面	发 展 指 标
人际交往（依恋）	对主要看护人产生强烈的喜爱和依恋;与依恋对象在一起时会感到愉悦;难过时,只要依恋对象出现,婴儿就会感到安慰。因此,会出现"分离焦虑"
自我意识	认识自己的身体部位,能认出照片中的自己,知道自己和爸爸、妈妈等其他人是不同的个体
情绪	1. 感受到的情绪越来越丰富,如高兴、难过、愤怒、羞愧、内疚等 2. 情绪大多是与吃、喝等生理性需求有关,而且易冲动,不稳定,且快速转换,想哭就哭,想笑就笑,直接表达情绪 3. 开始出现与非生理性需求有关的情绪,如受到父母的表扬而自豪;同情心"泛滥",看到别人笑,他也笑,看到别人哭,他也哭;面对新奇事物,表现出惊奇;做错了事,感到内疚;对没见过的东西产生恐惧 4. 脾气可能变得很"坏",开始捣乱、对着干,不再是一个言听计从的乖宝宝

第六节 1～2岁幼儿的早期教育活动设计

一、活动1:我爱妈妈

教师指导语:亲爱的宝宝和家长们,大家好!欢迎大家的到来。首先,让我们跳一段舞蹈。(教师播放音乐《小星星》,领跳舞蹈)

(一)社会交往

教师指导语:亲爱的宝宝和家长们,你们好,很高兴认识大家。我是你们的××老师。欢迎大家来和老师一起做游戏。

材料准备:仿真娃娃

教学过程:

1. 教师手持仿真娃娃,绘声绘色地自我介绍

教师指导语:接下来,到了宝宝自我介绍的时间。(取出仿真娃娃)这是老师的宝宝,他的名字叫××,他要做自我介绍了。(教师操作仿真娃娃,用孩子的口气介绍)大家好!

我叫××，我的小名叫××，我是一个男/女宝宝，我今年1岁半了。希望大家支持我，喜欢我，谢谢大家！（恢复教师口气）宝宝和家长们，我们大手、小手伸出来，欢迎××！

2. 教师邀请宝宝做自我介绍

教师指导语：下面从老师的左手边开始，宝宝们依次做自我介绍。如果宝宝不愿意说，家长可以代替宝宝进行介绍。介绍主要包括大名、小名、性别和年龄，说到年龄的时候，请家长有意识地让宝宝做出相应年龄的数字手势，引导宝宝认识数字，最后要有礼貌地说"谢谢大家"！

3. 教师和家长们一起鼓励宝宝

教师指导语：所有的宝宝都完成了自我介绍，让我们再次欢迎所有的宝宝。欢迎大家（拍拍小手）。

（二）语言认知：儿歌《好妈妈》

材料准备：儿歌《好妈妈》挂图
教学过程：
1. 教师出示儿歌挂图，为宝宝和家长们范读儿歌

教师指导语：今天，老师给宝宝们带来了一首好听的儿歌《好妈妈》，一起来听听吧！
小宝宝，想妈妈，拿起蜡笔画一画。
画好眼睛画嘴巴，画好身体画头发。
宝宝，宝宝努力画，画出美丽好妈妈。

2. 教师和家长们为宝宝读儿歌，进行互动

（1）家长们怀抱宝宝坐好，轻拍宝宝肩膀，有节奏地朗读儿歌。

（2）请家长们把两腿伸直，让宝宝面对家长，坐在家长的腿上，家长双手扶在宝宝的腋下，跟随儿歌的节奏颠弹宝宝。

（3）请家长和宝宝们面对面坐着，家长根据儿歌依次指出自己的五官，再依次指出宝宝的五官，最后家长引导宝宝根据儿歌的内容依次指出家长的五官，边听指令边说出五官名称。

（三）走线环节

材料准备：音乐
教学过程：

教师指导语：请家长们和宝宝大脚、小脚站在蒙氏线上，我们一起跟着音乐来走线。（教师示范走线动作，通过改变上肢动作增加走线难度）

手臂动作设计：
1. 双手自然下垂
2. 双手叉腰

教师指导语：音乐声渐渐"走远"了，请家长们带着宝宝回到原来的位置。

（四）精细动作：妈妈的小帮手

材料准备： 仿真鸡蛋、带格的塑料盒子、小碗（图 4-1）

图 4-1

教学过程：

1. 教师示范精细动作，请宝宝和家长们仔细观察

教师指导语：接下来是××老师的工作时间。工作前，先取工作毯和工作用具。

（1）取工作毯：右手在上，左手在下，竖着放置工作毯。

（2）铺工作毯：左手按住毯子左边，右手轻轻向右拨开毯子，双手从上到下抚平工作毯 3 次，与蒙氏线对齐。

（3）取工作用具，介绍工作用具。

教师指导语：今天，老师给宝宝们分享的工作是"妈妈的小帮手"。请家长和宝宝们"划着小船"来到老师身边。这是小鸡蛋，这是空的冰格盒。妈妈工作很辛苦，宝宝们一定要力所能及地帮妈妈做一些家务活儿哦！今天，请宝宝们帮助妈妈把这些小鸡蛋放进盒子里。

（4）教师示范"三指捏"的动作。强调放鸡蛋的顺序，要从上到下、从左到右按顺序摆放。

教师指导语：请看老师是怎么做的。三指捏（鸡蛋），对准（冰格），放（鸡蛋）。

（5）教师工作结束，收工作用具，哪里拿的放回哪里去。

2. 宝宝工作时间

教师指导语：下面是宝宝的工作时间。请叫到名字的宝宝到老师这里来领取工作毯。取工作毯的时候，要说"谢谢××老师"。

教师指导语：铺完工作毯的宝宝请到老师这里来取工作用具。取工作用具时，要说"谢谢××老师"。

3. 教师观察、指导宝宝，并和家长们交流

4. 教师提醒宝宝工作时间，让宝宝把工作毯及工作用具送回原处

教师指导语：距离工作结束还有一分钟的时间，请宝宝们抓紧时间。工作结束的宝宝,请把工作用具收好,哪里拿的放回哪里去。请把工作毯收好,哪里拿的放回哪里去。

(五)音乐游戏:我的好妈妈

材料准备:音乐《我的好妈妈》

教学过程:

教师指导语:宝宝和家长们都很辛苦,让我们听一首好听的歌曲《我的好妈妈》,好好放松一下。

1. 家长给宝宝做抚触

2. 引导宝宝给家长按摩

3. 引导宝宝抱抱家长,亲亲家长

(六)感统游戏:大妈妈和小宝宝

材料准备:一顶大帽子、一顶小帽子

教学过程:

1. 教师用道具引出活动,戴上大帽子变大,戴上小帽子变小

2. 家长根据教师戴大小不同帽子的指令带领宝宝做变大、变小的动作

3. 请家长带领宝宝再玩 1～2 次游戏

二、活动 2:风

教师指导语:亲爱的宝宝和家长们,大家好!欢迎大家的到来,首先让我们跳一段舞蹈。(教师播放音乐《小星星》,领跳舞蹈,进行热身活动)

(一)社会交往

教师指导语:亲爱的宝宝和家长们,大家好!我是你们的××老师。欢迎大家来和老师一起共度美妙的亲子时光。

材料准备:仿真娃娃

教学过程:

1. 教师手持仿真娃娃,绘声绘色地自我介绍

教师指导语:接下来到了宝宝自我介绍的时间。(取出仿真娃娃)这是老师的宝宝,他的名字叫××,他要做自我介绍了。(教师操作仿真娃娃,用孩子的口气介绍)大家好!我叫××,我的小名叫××,我是一个男/女宝宝,我今年 1 岁半了。希望大家支持我、喜欢我,谢谢大家!(恢复教师口气)宝宝和家长们,我们大手、小手伸出来,欢迎××!

2. 教师邀请宝宝做自我介绍

教师指导语:下面从老师的左手边开始,宝宝们依次自我介绍。如果宝宝不愿意说,家长可以代替宝宝做介绍,介绍主要包括大名、小名、性别和年龄。说到年龄的时候,请

家长有意识地教宝宝做出相应的数字手势，引导宝宝认识数字，最后要有礼貌地说一声"谢谢大家"！

3. 教师和家长一起鼓励宝宝

教师指导语：所有的宝宝都完成了自我介绍，让我们再次欢迎所有的宝宝，欢迎大家（拍拍小手）！

（二）语言认知：儿歌《风婆婆》

材料准备： 托盘、2条纱巾（图4-2）、儿歌《风婆婆》挂图

教学过程：

1. 教师出示儿歌挂图，为宝宝和家长们范读儿歌

教师指导语：今天，老师还给宝宝们带来了一首好听的儿歌《风婆婆》。

风婆婆，来送风。送的是，什么风？

大风吹，呼呼呼。小风吹，呜呜呜。

2. 教师和家长们为宝宝读儿歌，进行互动

（1）家长怀抱宝宝坐好，轻拍宝宝肩膀，有节奏地朗读儿歌。

（2）家长把两腿伸直，让宝宝面对家

图 4-2

长，坐在家长的腿上，家长双手扶在宝宝的腋下，跟随儿歌节奏颠弹宝宝。

（3）家长跟随儿歌节奏做颠弹动作。家长在说到儿歌最后一个字时，把宝宝从两腿中间漏下去。

（4）教师设计简单的动作，带领宝宝跟随儿歌节奏做动作。

（5）做大风与小风的吹纱巾游戏。

（三）走线环节

材料准备： 音乐

教学过程：

教师指导语：请家长们和宝宝大脚、小脚站在蒙氏线上，我们一起跟着音乐来走线。（教师示范走线动作，通过改变上肢动作增加走线难度）

手臂动作设计：

1. 双手自然下垂

2. 双手叉腰

教师指导语：音乐声渐渐"走远"了，请家长们带着宝宝回到原来的位置。

（四）精细动作：吹风机

材料准备：事先剪出小口的皱纹纸、矿泉水瓶、筐（图4-3）

教学过程：

1. 教师示范精细动作，请宝宝和家长们仔细观察

教师指导语：接下来是××老师的工作时间。工作前，先取工作毯和工作用具。

（1）取工作毯：右手在上，左手在下，竖着放置工作毯。

（2）铺工作毯：左手按住毯子左边，右手轻轻向右拨开毯子，双手从上到下抚平工作毯3次，与蒙氏线对齐。

图4-3

（3）取工作用具，介绍工作用具。

教师指导语：今天，老师给宝宝们分享的工作是"吹风机"。请家长和宝宝们"划着小船"来到老师的身边。这是一个空塑料瓶，这是彩色的皱纹纸。下面老师要把它们变成一个吹风机。

（4）教师示范"撕"的动作，强调按皱纹纸事先剪好的小口位置撕纸，把皱纹纸撕成条。

教师指导语：请看老师是怎么做的。找（事先剪好的小口）、撕（皱纹纸）、对准（瓶口）、放（皱纹纸条）。

（5）教师示范吹风机游戏动作，对准瓶口轻轻吹气，会发出"呼呼"的声音。

（6）教师工作结束，收工作用具，哪里拿的放回到哪里去。

2. 宝宝工作时间

教师指导语：下面是宝宝的工作时间。请叫到名字的宝宝到老师这里来领取工作毯。取工作毯的时候，要说"谢谢××老师"。

教师指导语：铺完工作毯的宝宝请到老师这里来取工作用具。取工作用具时，要说"谢谢××老师"。

3. 教师观察、指导宝宝，并和家长们交流

4. 教师提醒宝宝工作时间，让宝宝把工作毯及工作用具送回原处

教师指导语：距离工作结束还有一分钟的时间，请宝宝们抓紧时间。工作结束的宝宝，请把工作用具收好，哪里拿的放回哪里去。请把工作毯收好，哪里拿的放回哪里去。

（五）音乐游戏：吹泡泡

材料准备：音乐《吹泡泡》

教学过程：

1. 教师播放音乐，宝宝听音乐律动

2. 模仿吹泡泡、泡泡破裂的声音

3. 随音乐律动和模仿声音同时进行

（六）感统游戏：春天来了

材料准备：背景音乐、万象组合教具（图 4-4）、小篮子

教学过程：

教师指导语：春天到了，一起去野外郊游吧！咱们穿过泥泞的沼泽，走过潺潺的小河，跳过小小的峡谷，来到了郊游的地方。那宝宝们都想带什么去郊游呢？老师给你们每人一个小篮子，我们带上喜欢的食物，一起去郊游吧！

教师指导宝宝将万象组合教具逐一装进小篮子里，当做食物，一起跟随教师走圈，走到"郊游"的地方。

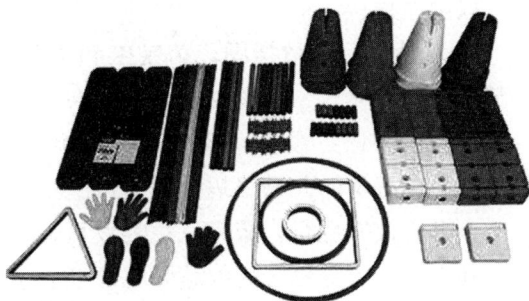

图 4-4

三、活动3：蚂蚁搬豆

教师指导语：亲爱的宝宝和家长们，大家好！欢迎大家的到来，首先让我们跳一段舞蹈。（教师播放音乐《小星星》，领跳舞蹈）

（一）社会交往

教师指导语：亲爱的宝宝和家长们，我是你们的××老师。欢迎大家和老师一起度过美妙的亲子时光。

材料准备：仿真娃娃

教学过程：

1. 教师手持仿真娃娃，绘声绘色地自我介绍

教师指导语：接下来到了宝宝自我介绍的时间。（取出仿真娃娃）这是老师的宝宝，他的名字叫××，他要做自我介绍了。（教师操作仿真娃娃，用孩子的口气介绍）大家好！我叫××，我的小名叫××，我是一个男/女宝宝，我今年 1 岁半了。希望大家支持我，喜欢我，谢谢大家！（恢复教师口气）宝宝和家长们，我们大手、小手伸出来，欢迎××！

2. 教师邀请宝宝做自我介绍

教师指导语：下面从老师的左手边开始，宝宝们依次做自我介绍。如果宝宝不愿意说，家长可以代替宝宝做介绍，介绍主要包括大名、小名、性别和年龄。说到年龄的时候，请家长有意识地教宝宝做数字手势，引导宝宝认识数字，最后要有礼貌地说

"谢谢大家"！

3. 教师和家长们一起鼓励宝宝

教师指导语：所有的宝宝都完成了自我介绍，让我们再次欢迎所有的宝宝，欢迎大家（拍手）！

（二）语言认知：儿歌《蚂蚁搬豆》

材料准备：托盘、蚂蚁手偶、彩泥小球（图4-5）、儿歌《蚂蚁搬豆》挂图
教学过程：

1. 教师出示儿歌挂图，为宝宝和家长们范读儿歌

教师指导语：今天，老师还给宝宝们带来了一首好听的儿歌《蚂蚁搬豆》。

小小蚂蚁搬豆豆，搬完豆豆种豆豆，
种完豆豆收豆豆，蚂蚁就爱吃豆豆。

2. 教师和家长们为宝宝读儿歌，进行互动

（1）家长怀抱宝宝坐好，轻拍宝宝肩膀，有节奏地朗读儿歌。

（2）家长把两腿伸直，让宝宝面对家长，坐在家长的腿上，家长双手扶在宝宝的腋下，跟随儿歌的节奏颠弹宝宝。

图4-5

（3）家长跟随儿歌节奏颠弹宝宝。当说到儿歌最后一个字时，把宝宝从两腿中间漏下去。

（4）家长配合教具（蚂蚁手偶、彩泥小球）读儿歌。

（三）走线环节

材料准备：音乐
教学过程：

教师指导语：请家长们和宝宝大脚、小脚站在蒙氏线上，我们一起跟着音乐来走线。（教师示范走线动作，通过改变上肢动作增加走线难度）

手臂动作设计：

1. 双手自然下垂

2. 双手叉腰

教师指导语：音乐声渐渐"走远"了，请家长们带着宝宝回到原来的位置。

（四）精细动作：漏斗装豆

材料准备：豆子若干、漏斗、细口瓶、小碗（图4-6）、勺子

图 4-6

教学过程：

1. 教师示范精细动作，请宝宝和家长们仔细观察

教师指导语：接下来是××老师的工作时间。工作前，先取工作毯和工作用具。

（1）取工作毯：右手在上，左手在下，竖着放置工作毯。

（2）铺工作毯：左手按住毯子左边，右手轻轻向右拨开毯子，双手从上到下抚平工作毯3次，与蒙氏线对齐。

（3）取工作用具，介绍工作用具。

教师指导语：今天，老师给宝宝们分享的工作是"漏斗装豆"，请家长和宝宝们"划着小船"来到老师的身边。这是一碗豆子，这是漏斗，这是细口瓶。下面，我们要把这些豆子装进细口瓶。

（4）教师示范"漏斗装豆"的工作。

教师指导语：请看老师是怎么做的。放（细口瓶）、扶（漏斗）、握（勺子）、舀（豆子）、对准（漏斗）、倒（豆子）。

（5）教师工作结束，收工作用具、工作毯，哪里拿的送回到哪里去。

2. 宝宝工作时间

教师指导语：下面是宝宝的工作时间。请叫到名字的宝宝到老师这里来领取工作毯。取工作毯的时候，要说"谢谢××老师"。

教师指导语：铺完工作毯的宝宝请到老师这里来取工作用具。取工作用具时，要说"谢谢××老师"。

3. 教师观察、指导宝宝，并和家长们交流

4. 教师提醒宝宝工作时间，引导宝宝把工作毯及工作用具送回原处

教师指导语：距离工作结束还有一分钟的时间，请宝宝们抓紧时间。工作结束的宝宝请把工作用具收好，哪里拿的放回到哪里去。请把工作毯收好，哪里拿的放回到哪里去。

（五）音乐游戏：豆子会唱歌

材料准备：装好豆子的瓶子、音乐《小豆豆》

教学过程：

教师播放音乐《小豆豆》，引导宝宝用装好豆子的瓶子为音乐进行伴奏。

教师指导语：轻松的游戏时间到了，让我们一起轻轻地摇一摇手里的瓶子，宝宝们有没有听到豆子在"唱歌"呀？接下来，我们一起跟随音乐，和豆子一起为音乐伴奏吧！

（六）感统游戏：淘气的豆豆

材料准备：弹力球若干、小碗、布袋（图4-7）

教学过程：

1. 用布袋装弹力球

2. 过障碍运布袋，把弹力球倒入小碗里（注意不要让弹力球跑出来）

3. 扔弹力球，比比谁让弹力球弹得最高

图4-7

四、活动4：我是小小寻宝家

教师指导语：亲爱的宝宝和家长们，大家上午好！很高兴又能和你们共同度过一段美妙的亲子时光。我们先来跳一段舞蹈，热热身。（教师带领幼儿跳热身舞蹈《健康歌》）

（一）社会交往

教师指导语：亲爱的宝宝和家长们，我是你们的××老师。欢迎大家来和老师一起做游戏。

材料准备：仿真娃娃

教学过程：

1. 教师手持仿真娃娃，绘声绘色地自我介绍

教师指导语：接下来到了宝宝自我介绍的时间。（取出仿真娃娃）这是老师的宝宝，他的名字叫××，他要做自我介绍了。（教师操作仿真娃娃，用孩子的口气介绍）大家好！我叫××，我的小名叫××，我是一个男/女宝宝，我今年1岁半了。希望大家支持我、喜欢我，谢谢大家！（恢复教师口气）宝宝和家长们，我们大手、小手伸出来，欢迎××！

2. 教师邀请宝宝做自我介绍

教师指导语：下面从老师的左手边开始，宝宝们依次做自我介绍。如果宝宝不愿意说，家长可以代替宝宝做介绍，介绍主要包括大名、小名、性别和年龄，说到年龄的时候，请家长有意识地教宝宝做出数字手势，引导宝宝认识数字，最后要有礼貌地说"谢谢大家"！

3. 教师和家长们一起鼓励宝宝

教师指导语：所有的宝宝都完成了自我介绍，让我们再次欢迎所有的宝宝。欢迎大家（拍拍小手）。

（二）语言认知：儿歌《我是小小寻宝家》

材料准备： 儿歌《我是小小寻宝家》挂图

教学过程：

1. 教师出示儿歌挂图，为宝宝和家长们范读儿歌

教师指导语：接下来，老师带来了一首好听的儿歌《我是小小寻宝家》，一起来听听吧！

我是小小寻宝家，聪明可爱人人夸。

眼光独到不一般，发现宝贝不少呀！

这个棒，那个好，我的宝箱装满啦！

2. 教师和家长们为宝宝读儿歌，进行颠弹游戏

（1）家长怀抱宝宝坐好，轻拍宝宝肩膀，有节奏地朗读儿歌。

（2）家长把两腿伸直，宝宝面对家长，坐在家长的腿上，家长双手扶在宝宝的腋下，跟随儿歌的节奏颠弹宝宝。

（3）宝宝背对家长，坐在家长的腿上，重复颠弹动作。

（4）播放音乐，随音乐节奏做律动动作。

（三）走线环节

材料准备： 音乐

教学过程：

教师指导语：首先，请家长和宝宝们大脚、小脚站在蒙氏线上，我们一起跟着音乐来走线。（教师示范走线动作，通过改变上肢动作增加走线难度）

手臂动作设计：

1. 双手叉腰

2. 双手搭在肩膀上

教师指导语：音乐声渐渐"走远"了，请家长们带着宝宝回到原来的位置。

（四）精细动作：舀宝石

材料准备： 冰格盒、水晶小石头、小勺子、小碗、托盘（图4-8）

教学过程：

1. 教师示范精细动作，请宝宝和家长们仔细观察

教师指导语：接下来是××老师的工作时间。工作前，先取工作毯和工作用具。

（1）取工作毯：右手在上，左手在下，竖着放置工作毯。

（2）铺工作毯：左手按住毯子左边，右手轻轻向右拨开毯子，双手从上到下抚平工作毯3次，与蒙氏线对齐。

（3）取工作用具，介绍工作用具。

图 4-8

教师指导语：今天，老师分享的工作是"舀宝石"。家长和宝宝们"划着小船"来到老师的身边。这里有一些好看的宝石，这是一个空的冰格盒。下面，我们要将这些美丽的宝石依次放入空的冰格盒里。

（4）教师示范"舀"的动作，用小勺把宝石放入空冰格盒里。注意放的顺序，要从上到下、从左到右，按顺序摆放。

教师指导语：请看老师是怎么做的。握（勺子柄）、舀（宝石）、对准（冰格）、放（宝石）。

（5）教师工作结束，收工作用具，哪里拿的放回到哪里去。

2. 宝宝工作时间

教师指导语：下面是宝宝的工作时间。请叫到名字的宝宝到老师这里来领取工作毯。取工作毯的时候，要说"谢谢××老师"。

教师指导语：铺完工作毯的宝宝请到老师这里来取工作用具。取工作用具时，要说一声"谢谢××老师"。

3. 教师观察、指导宝宝，和家长们交流

4. 教师提醒宝宝工作时间，让宝宝把工作毯及工作用具送回原处

教师指导语：距离工作结束还有一分钟的时间，请宝宝们抓紧时间。工作结束的宝宝，请把工作用具收好，哪里拿的放回哪里去。请把工作毯收好，哪里拿的放回哪里去。

（五）音乐游戏：小手拍拍

材料准备： 音乐《小手拍拍》
教学过程：
1. 听音乐，熟悉旋律，理解歌词含义
2. 教师示范律动动作

小手小手拍拍（双手胸前击掌），我的小手伸出来（两臂前平举，双手五指张开，掌心向上），

小手小手拍拍（双手胸前击掌），我的小手挥起来（两臂上举，双手五指张开，掌心向前，挥动手臂），

小手小手拍拍（双手胸前击掌），我的小手转起来（两臂体前立屈，双手五指张开，转动手腕），

小手小手拍拍（双手胸前击掌），我的小手握起来（两臂体前平屈，双手四指弯曲，一前一后相握），

小手小手拍拍（双手胸前击掌），我的小手藏起来（双手背后）。

3. 引导宝宝边听音乐边按音乐的指令伸出小手做律动动作

4. 一边说歌词一边做律动动作

5. 跟随音乐一起做律动动作

（六）感统游戏：山洞探宝

材料准备： 各种毛绒玩具或其他玩具充当宝物、彩虹伞（图 4-9）、背景音乐

教学过程：

家长们撑起彩虹伞，教师带领宝宝们在彩虹伞下排队钻山洞。

教师指导语：请家长们撑起彩虹伞，变成山洞状，宝宝们排好队，一起开火车喽！轰隆隆，轰隆隆，火车要出发，咔嚓咔嚓，

图 4-9

咔嚓咔嚓。火车钻山洞喽，山洞变高了，山洞变低了。火车上高山了，呜呜呜……

宝宝扮作小动物，到彩虹伞下取宝。当听到教师说"山洞打开"时，宝宝们迅速进入伞下取"宝物"；当听到教师说"快快跑"时，宝宝们要迅速离开，家长们把伞迅速向下压。

五、活动 5：玉米娃娃

教师指导语：亲爱的宝宝和家长们，大家好！很高兴又能和大家共同度过一段美好的亲子时光。我们先来跳一段舞蹈来热热身。（教师带领宝宝和家长们做《健康歌》的热身舞蹈动作）

（一）社会交往

教师指导语：亲爱的宝宝和家长们，我是你们的××老师。欢迎大家来和老师一起做游戏。

材料准备： 仿真娃娃

教学过程：

1. 教师手持仿真娃娃，绘声绘色地自我介绍

教师指导语：接下来，到了宝宝自我介绍的时间。（取出仿真娃娃）这是老师的宝宝，

他的名字叫××，他要做自我介绍了。（教师操作仿真娃娃，用孩子的口气介绍）大家好！我叫××，我的小名叫××，我是一个男/女宝宝，我今年1岁半了。希望大家支持我、喜欢我，谢谢大家！（恢复教师口气）宝宝和家长们，我们大手、小手伸出来，欢迎××！

2. 教师邀请宝宝做自我介绍

教师指导语：下面从老师的左手边开始，宝宝们依次进行自我介绍。如果宝宝不愿意说，家长可以代替宝宝做介绍，介绍主要包括大名、小名、性别和年龄。说到年龄的时候，请家长有意识地让宝宝做出相应的数字手势，引导宝宝认识数字，最后要有礼貌地说"谢谢大家"！

3. 教师和家长们一起鼓励宝宝

教师指导语：所有的宝宝都完成了自我介绍，让我们再次欢迎所有的宝宝。欢迎大家（拍拍小手）。

（二）语言认知：儿歌《玉米娃娃》

材料准备： 儿歌《玉米娃娃》挂图、玉米糖、玉米图片

教学过程：

1. 教师为宝宝们发放玉米糖，出示玉米图片，引导宝宝们通过多种感官认识玉米

教师指导语：今天，老师给宝宝们准备了一个小礼物，请宝宝们闭上你们的眼睛，伸出你们的小手，老师会把小礼物放到你们的小手上。

2. 教师出示儿歌挂图，为宝宝和家长们范读儿歌

教师指导语：今天，老师还给宝宝们带来了一首好听的儿歌《玉米娃娃》。

玉米秆儿像妈妈，怀里坐着胖娃娃。

小小娃娃长头发，一笑露出金牙牙。

3. 教师和家长为宝宝读儿歌，与宝宝互动

（1）家长怀抱宝宝坐好，轻拍宝宝肩膀，有节奏地朗读儿歌。

（2）家长把两腿伸直，宝宝面对家长，坐在家长的腿上，家长双手扶在宝宝的腋下，跟随儿歌的节奏颠弹宝宝。

（3）家长跟随儿歌节奏颠弹宝宝，当说到儿歌最后一个字时，把宝宝从两腿中间漏下去。

（三）走线环节

材料准备： 音乐

教学过程：

教师指导语：首先，请家长和宝宝们大脚、小脚站在蒙氏线上，我们一起跟着音乐来走线。（教师示范走线动作，通过改变上肢动作增加走线难度）

手臂动作设计：

1. 双手叉腰

2. 双手放在肩膀上

教师指导语：音乐声渐渐"走远"了，请家长们带领宝宝回到原来的位置。

（四）精细动作：玉米娃娃

材料准备：玉米片、作业纸、小碗、托盘（图 4-10）

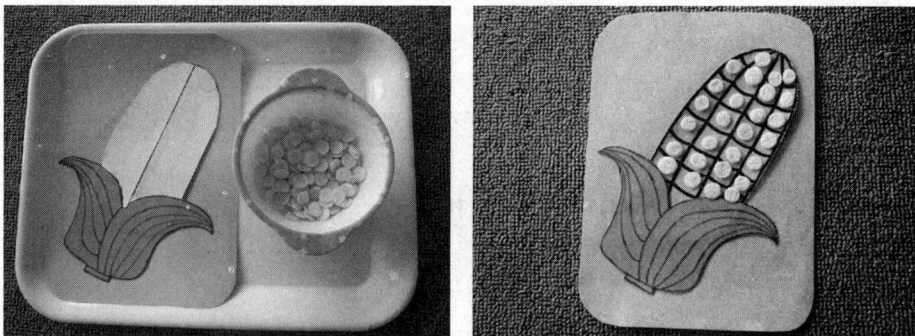

图 4-10

教学过程：

1. 教师示范精细动作，请宝宝和家长们仔细观察

教师指导语：接下来是××老师的工作时间。工作前，先取工作毯和工作用具。

（1）取工作毯：右手在上，左手在下，竖着放置工作毯。

（2）铺工作毯：左手按住毯子左边，右手轻轻向右拨开毯子，双手从上到下抚平工作毯 3 次，与蒙氏线对齐。

（3）取工作用具，介绍工作用具。

教师指导语：今天，老师给宝宝们分享的工作是"玉米娃娃"。请家长和宝宝们"划着小船"来到老师的身边。这是一根小玉米，这是玉米片。秋天到了，玉米娃娃身上长出好多玉米粒，真漂亮！

（4）教师示范"二指捏"与"贴"的动作，强调贴的顺序：要从上往下、从左往右。

教师指导语：请看老师是怎么做的。二指捏（玉米片）、对准（小玉米上的小格）、按（玉米片）。

（5）教师工作结束，收工作用具，哪里拿的放回哪里去。

2. 宝宝工作时间

教师指导语：下面是宝宝的工作时间。请叫到名字的宝宝，到老师这里来领取工作毯。取工作毯的时候，要说"谢谢××老师"。

教师指导语：铺完工作毯的宝宝，请到老师这里来取工作用具。取工作用具时，要说"谢谢××老师"。

3. 教师观察、指导宝宝，并和家长们交流

4. 教师提醒宝宝工作时间，引导宝宝把工作毯及工作用具送回原处

教师指导语：距离工作结束还有一分钟的时间，请宝宝们抓紧时间。工作结束的宝宝，请把工作用具收好，哪里拿的放回到哪里去。请把工作毯收好，哪里拿的放回到哪里去。

（五）音乐游戏：跳舞的玉米娃娃

材料准备： 音乐《跳舞的洋娃娃》

教学过程：

1. 教师创编简单的动作，邀请家长和宝宝们进行角色扮演，请家长扮演玉米秆，宝宝扮演玉米娃娃

2. 教师带领家长和宝宝们跟随音乐做动作

（六）感统游戏：摘玉米

材料准备： 竹篮、玉米模型、杆子、障碍物

教学过程：

教师指导语：秋天到了，玉米娃娃都成熟了。宝宝们愿意帮农民伯伯摘玉米吗？摘玉米的路途有点儿远，我们要走过小桥，钻过山洞，把玉米装进篮子里后，再原路返回哦！老师在这里等着你们。

1. 家长们抱着宝宝，绕过障碍物，去摘挂在杆子上的玉米

2. 宝宝们把玉米放进竹篮里，运回农场

六、活动 6：小鸭

教师指导语：亲爱的宝宝和家长们，大家好！很高兴又能和你们共同度过一段美妙的亲子时光。我们先来跳一段舞蹈，热热身吧！（教师播放热身舞蹈视频《健康歌》）

（一）社会交往

教师指导语：亲爱的宝宝和家长们，我是你们的××老师。欢迎大家来和老师一起玩游戏。

材料准备： 仿真娃娃

教学过程：

1. 教师手持仿真娃娃，绘声绘色地自我介绍

教师指导语：接下来，到了宝宝自我介绍的时间。（取出仿真娃娃）这是老师的宝宝，他的名字叫××，他要做自我介绍了。（教师操作仿真娃娃，用孩子的语气介绍）大家好！我叫××，我的小名叫××，我是一个男/女宝宝，我今年 1 岁半了。希望大家支持我、喜欢我，谢谢大家！（恢复教师语气）宝宝和家长们，我们大手、小手伸出来，欢迎××！

2. 教师邀请宝宝做自我介绍

教师指导语：下面从老师的左手边开始，宝宝们依次自我介绍。如果宝宝不愿意说，家长可以代替宝宝做介绍，介绍主要包括大名、小名、性别和年龄。说到年龄的时候，家长要有意识地教宝宝做出数字手势，引导宝宝认识数字，最后要有礼貌地说一声"谢谢大家"！

3. 教师和家长们一起鼓励宝宝

教师指导语：所有的宝宝都完成了自我介绍，让我们再次欢迎所有的宝宝。欢迎大家（拍拍小手）。

（二）语言认知：儿歌《数鸭子》

材料准备：儿歌《数鸭子》挂图、数鸭子道具（图4-11）

教学过程：

1. 教师出示鸭子图片，引导宝宝认识小鸭，并模仿鸭子的叫声

2. 教师出示儿歌挂图，为宝宝和家长们范读儿歌

教师指导语：接下来，老师带来了一首好听的儿歌《数鸭子》。

桥下小河里，游过一群鸭。

我来数一数，二四六七八。

嘎嘎嘎，嘎嘎嘎，小鸭真多呀！

小朋友快来，帮我数一下。

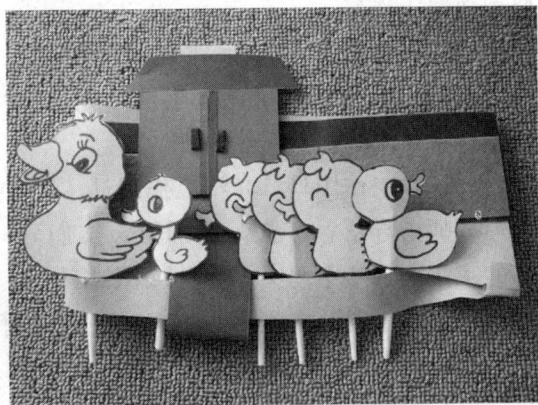

图4-11

3. 教师和家长们为宝宝读儿歌，进行颠弹游戏

（1）教师用数鸭子道具演示儿歌内容。

（2）家长怀抱宝宝坐好，轻拍宝宝肩膀，有节奏地朗读儿歌。

（3）家长和宝宝们随音乐做律动动作。

（三）走线环节

材料准备：音乐

教学过程：

教师指导语：首先，请家长和宝宝们大脚、小脚站在蒙氏线上，我们一起跟着音乐来走线。（教师示范走线动作，通过改变上肢动作增加走线难度）

手臂动作设计：

1. 双手叉腰

2. 双手搭在肩膀上

教师指导语：音乐声渐渐"走远"了，请家长们带领宝宝回到原来的位置。

（四）精细动作：帮小鸭穿小鱼

材料准备：小鱼穿珠、带木针的线绳、托盘（图 4-12）

教学过程：

1. 教师示范精细动作，请宝宝和家长们仔细观察

教师指导语：接下来是××老师的工作时间。工作前，先取工作毯和工作用具。

（1）取工作毯：右手在上，左手在下，竖着放置工作毯。

（2）铺工作毯：左手按住毯子左边，右手轻轻向右拨开毯子，双手从上到下抚平工作毯 3 次，与蒙氏线对齐。

（3）取工作用具，介绍工作用具。

图 4-12

教师指导语：今天，老师给宝宝们分享的工作是"帮小鸭穿小鱼"。请家长和宝宝们"划着小船"来到老师的身边。这是好多小鱼，这是一根带木针的线绳。小鸭子饿了，它想吃小鱼。宝宝们帮助小鸭子穿一串儿小鱼吧！

（4）教师示范"穿线"的动作。

教师指导语：请看老师是怎么做的。二指捏（木针）——对准（小鱼穿珠身上的孔）——穿（线）。

（5）教师工作结束，收工作用具，哪里拿的放回到哪里去。

2. 宝宝工作时间

教师指导语：下面是宝宝的工作时间。请叫到名字的宝宝到老师这里来领取工作毯。取工作毯的时候，要说一声"谢谢××老师"。

教师指导语：铺完工作毯的宝宝请到老师这里来取工作用具。取工作用具时，要说一声"谢谢××老师"。

3. 教师观察、指导宝宝，并和家长们交流

4. 教师提醒宝宝工作时间，引导宝宝把工作毯及工作用具送回原处

教师指导语：距离工作结束还有一分钟的时间，请宝宝抓紧时间。工作结束的宝宝，请把工作用具收好，哪里拿的放回哪里去。请把工作毯收好，哪里拿的放回哪里去。

（五）音乐游戏：小小鸭

材料准备：音乐《小小鸭》

教学过程：

教师指导语：轻松的音乐游戏时间到了，让我们听一首好听的音乐吧！

1. 听音乐，感受音乐的节拍

教师指导语：请家长跟着音乐的节奏轻轻地拍打宝宝的肩膀，引导宝宝初步感受音乐的节拍。

2. 宝宝与家长互动，听指令做动作

教师指导语：请家长们抱起您的宝宝，让我们跟着音乐一起按顺时针方向游走，听指令做动作；家长背着宝宝，按顺时针方向游走，听指令做动作；家长拉着宝宝的手，随意游走，听指令做动作。

（六）感统游戏：摇摆的小鸭

材料准备： 背景音乐、平衡台（图4-13）

教学过程：

1. 教师介绍平衡台，并示范站在平衡台上的动作

2. 家长帮助宝宝站到平衡台上，随音乐左右摇摆

3. 在宝宝可以接受的情况下，家长尝试让宝宝独自站在平衡台上，并在身后保护宝宝的安全

图4-13

七、活动7：红色、绿色

教师指导语：亲爱的宝宝和家长们，大家好！很高兴又能和你们共同度过一段美妙的亲子时光。我们先来跳一段舞蹈，热热身！（教师播放热身舞蹈视频《健康歌》）

（一）社会交往

教师指导语：亲爱的宝宝和家长们，大家好！我是你们的××老师。欢迎大家来和老师一起做游戏。

材料准备： 仿真娃娃

教学过程：

1. 教师手持仿真娃娃，绘声绘色地自我介绍

教师指导语：接下来，到了宝宝自我介绍的时间。（取出仿真娃娃）这是老师的宝宝，他的名字叫××，他要做自我介绍了。（教师操作仿真娃娃，用孩子的口气介绍）大家好！我叫××，我的小名叫××，我是一个男/女宝宝，我今年1岁半了。希望大家支持我、喜欢我，谢谢大家！（恢复教师口气）宝宝和家长们，我们大手、小手伸出来，欢迎××！

2. 教师邀请宝宝做自我介绍

教师指导语：下面从老师的左手边开始，宝宝们依次做自我介绍。如果宝宝不愿意说，家长可以代替宝宝做介绍，介绍主要包括大名、小名、性别和年龄。说到年龄的时候，请家长有意识地教宝宝做出数字手势，引导宝宝认识数字，最后要有礼貌地说"谢谢大家"！

3. 教师和家长们一起鼓励宝宝

教师指导语：所有的宝宝都完成了自我介绍，让我们再次欢迎所有的宝宝。欢迎大家（拍拍小手）。

（二）语言认知：儿歌《红气球、绿气球》

材料准备：儿歌《红气球、绿气球》挂图、红气球、绿气球
教学过程：
1. 教师出示儿歌挂图，为宝宝和家长们范读儿歌
教师指导语：今天，老师还给宝宝们带来了一首好听的儿歌《红气球、绿气球》，一起来听听吧！

一个红气球，一个绿气球。长长是尾巴，圆圆的是头。

好像池塘里，只只小蝌蚪，跟着一个个，快乐小朋友！

2. 教师和家长们为宝宝读儿歌，进行互动

（1）家长怀抱宝宝坐好，轻拍宝宝肩膀，有节奏地朗读儿歌。

（2）家长把两腿伸直，宝宝面对家长，坐在家长的腿上，家长双手扶在宝宝的腋下，跟随儿歌的节奏颠弹宝宝。

（3）家长跟随儿歌节奏颠弹宝宝，当说到儿歌最后一个字时，把宝宝从两腿中间漏下去。

（4）教师发给每个宝宝两个气球（红气球和绿气球各1个），引导宝宝听着儿歌，拉着气球走。

（三）走线环节

材料准备：音乐
教学过程：

教师指导语：首先，请家长和宝宝们大脚、小脚站在蒙氏线上，我们一起跟着音乐来走线。（教师示范走线动作，通过改变上肢动作加大走线难度）

手臂动作设计：

1. 双手叉腰

2. 双手搭在自己的肩膀上

教师指导语：音乐声渐渐"走远"了，请家长们带着宝宝回到原来的位置。

（四）精细动作：贴气球

材料准备：红色气球、绿色气球卡纸、作业纸（图4-14）、胶棒

教学过程：

1. 教师示范精细动作，请宝宝和家长们仔细观察

教师指导语：接下来是××老师的工作时间。工作前，先取工作毯和工作用具。

（1）取工作毯：右手在上，左手在下，竖着放置工作毯。

（2）铺工作毯：左手按住毯子左边，右手轻轻向右拨开毯子，双手从上到下抚平工作毯3次，与蒙氏线对齐。

（3）取工作用具，介绍工作用具。

图 4-14

教师指导语：今天，老师给宝宝们分享的工作是"贴气球"。请家长和宝宝们"划着小船"来到老师身边。这里有一个小女孩，她的手里拿着绑气球的红线和绿线，这是红色气球，这是绿色气球，盘子里有许多漂亮的气球，但是它们都没有绑上线，"飞"不到天空中去，请小朋友们帮帮它们吧！下面，我们帮这些气球找到和它颜色相对应的线，然后把气球贴到相应的位置上。

（4）教师示范"颜色对应"与"贴"的动作。强调线与相同颜色气球之间的对应关系。

教师指导语：请看老师是怎么做的。对应（气球与线的颜色相同）、涂（胶棒）、按（气球）。

（5）教师工作结束，收工作用具，哪里拿的放回哪里去。

2. 宝宝工作时间

教师指导语：下面是宝宝的工作时间。请叫到名字的宝宝到老师这里来领取工作毯。取工作毯的时候，要说"谢谢××老师"。

教师指导语：铺完工作毯的宝宝请到老师这里来取工作用具。取工作用具时，要说"谢谢××老师"。

3. 教师观察、指导宝宝，并和家长们交流

4. 教师提醒宝宝工作时间，让宝宝把工作毯及工作用具送回原处

教师指导语：距离工作结束还有一分钟的时间，请宝宝们抓紧时间。工作结束的宝宝，请把工作用具收好，哪里拿的放回到哪里去。请把工作毯收好，哪里拿的放回到哪里去。

（五）音乐游戏：颜色歌

材料准备： 音乐《颜色歌》、串铃（图 4-15）

图 4-15

教学过程：

1. 听音乐《颜色歌》，跟随音乐节奏摆动身体，熟悉旋律

2. 教师讲解串铃的演奏方法

3. 跟随音乐节奏表演，并尝试用串铃简单伴奏

（六）感统游戏：找找红色与绿色

材料准备：红色和绿色圈（图 4-16），音乐

教学过程：

1. 找找红色与绿色圈

听音乐做律动，音乐结束后听指令找相应颜色的圈。

2. 抢占颜色圈游戏

宝宝听教师发出的指令"红色圈"或"绿色圈"，抢占相应的颜色圈。为增加游戏的趣味性和难度，可以逐渐减少颜色圈的个数，看谁最先抢占颜色圈。

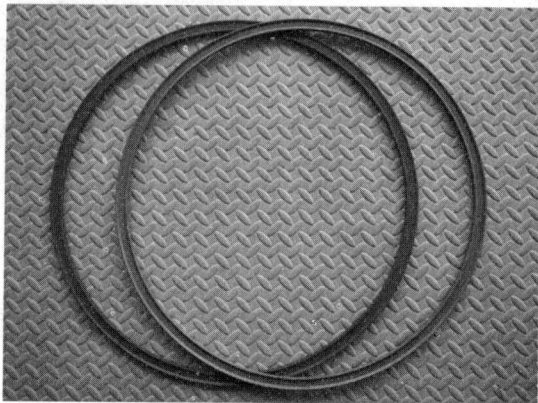

图 4-16

八、活动 8：棉花娃娃

教师指导语：亲爱的宝宝和家长们，大家好！很高兴又能和你们共同度过一段美妙的亲子时光。我们先来跳一段舞蹈，热热身！（教师播放音乐《爱我，你就抱抱我》，大家一起跳热身舞蹈）

（一）社会交往

教师指导语：亲爱的宝宝和家长们，我是你们的××老师。欢迎大家来和老师一起做游戏。

材料准备：仿真娃娃

教学过程：

1. 教师手持仿真娃娃，绘声绘色地自我介绍

教师指导语：接下来，到了宝宝自我介绍的时间。（取出仿真娃娃）这是老师的宝宝，他的名字叫××，他要做自我介绍了。（教师操作仿真娃娃，用孩子的口气介绍）大家好！我叫××，我的小名叫××，我是一个男/女宝宝，我今年 2 岁了。希望大家支持我、喜欢我，谢谢大家！（恢复教师口气）宝宝和家长们，我们大手、小手伸出来，欢迎××。××，××欢迎你，我们大家欢迎你！

2. 教师邀请宝宝做自我介绍，及时给予鼓励

教师指导语：下面，哪位宝宝愿意做一下自我介绍呀？让我们大手、小手伸出来，欢

迎××宝宝。××，××欢迎你，我们大家欢迎你！

（二）语言认知：儿歌《棉花娃娃》

材料准备：儿歌《棉花娃娃》挂图、作业纸（图4-17）
教学过程：
1. 教师出示儿歌挂图，为宝宝和家长们范读儿歌

教师指导语：今天，老师还给宝宝们带来了一首好听的儿歌《棉花娃娃》。

棉花娃娃吹泡泡，吹出个个大棉桃。

好像白云一朵朵，又似咩咩小羊羔。

2. 教师和家长们为宝宝读儿歌，进行互动

（1）教师使用图片演示儿歌内容。

（2）家长怀抱宝宝坐好，轻拍宝宝肩膀，有节奏地朗读儿歌。

图4-17

（3）家长跟随儿歌节奏颠弹宝宝，当说到儿歌最后一个字时，把宝宝从两腿中间漏下去。

（4）教师设计简单动作，带领宝宝跟随儿歌节奏做动作。

（三）走线环节

材料准备：音乐
教学过程：

教师指导语：请家长和宝宝们大脚、小脚站在蒙氏线上，我们一起跟着音乐来走线。（教师示范走线动作，通过改变上肢动作增加走线难度）

手臂动作设计：
1. 双手放在前一个人的肩膀上
2. 双臂侧平举

教师指导语：音乐声渐渐"走远"了，请家长们带着宝宝回到原来的位置。

（四）精细动作：棉花贴画

材料准备：作业纸、医用棉花团若干、小碗、托盘（图4-18）、胶棒
教学过程：
1. 教师示范精细动作，请宝宝和家长们仔细观察

教师指导语：接下来，是××老师的工作时间。工作前，先取工作毯和工作用具。

（1）取工作毯：右手在上，左手在下，竖着放置工作毯。

99

（2）铺工作毯：左手按住毯子左边，右手轻轻向右拨开毯子，双手从上到下抚平工作毯3次，与蒙氏线对齐。

（3）取工作用具，介绍工作用具。

教师指导语：今天，老师给宝宝们分享的工作是"棉花贴画"，请家长和宝宝们"划着小船"来到老师身边。这是一头小绵羊，这是一碗棉花团，下面让我们给小羊和天上的云朵穿上雪白的"衣服"吧！

（4）教师示范"三指捏"与"贴"的动作。

教师指导语：请看老师是怎么做的。三指捏（棉花团）、对准（小绵羊或白云）、涂（胶棒）按（棉花团）。

（5）教师工作结束，收工作用具，哪里拿的放回到哪里去。

图 4-18

2. 宝宝工作时间

教师指导语：下面是宝宝的工作时间。请叫到名字的宝宝到老师这里来领取工作毯。取工作毯的时候，要说"谢谢××老师"。

教师指导语：铺完工作毯的宝宝请到老师这里来取工作用具。取工作用具时，要说"谢谢××老师"。

3. 教师观察、指导宝宝，并和家长们交流

4. 教师提醒宝宝工作时间，让宝宝把工作毯及工作用具送回原处

教师指导语：距离工作结束还有一分钟的时间，请宝宝们抓紧时间。工作结束的宝宝，请把工作用具收好，哪里拿的放回到哪里去。请把工作毯收好，哪里拿的放回到哪里去。

（五）音乐游戏：七步舞

材料准备：音乐《七步舞》

教学过程：

1. 听音乐，熟悉音乐结构（四个乐句重复一遍）

2. 教师介绍舞步：两人面对面交错站好，前进7步，后退7步，后退3步，前进3步，旋转

3. 家长抱着宝宝，两人一组配合跳舞

教师指导语：轻松的音乐时间到了，请家长们抱着宝宝，我们跟随好听的音乐来跳舞吧！

（六）感统游戏：给小羊喂草

材料准备：用卡纸装饰成绿色草的沙包若干个、呼啦圈若干个（图4-19）、刚做好的

棉花贴画

教学过程：

教师指导语：午饭时间快到了，小羊们都有些饿了。宝宝们能不能帮老师一起给小羊喂一些可口的青草呀？

1. 把刚做好的棉花贴画放进呼啦圈里，当作小羊

2. 往呼啦圈内投掷沙包

3. 引导宝宝独立游戏

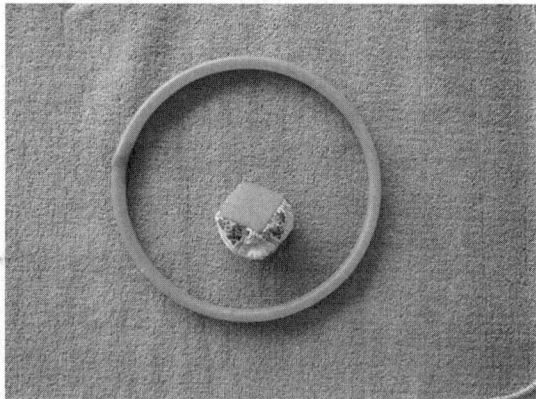

图 4-19

九、活动9：大苹果

教师指导语：亲爱的宝宝和家长们，大家好！很高兴又能和你们共同度过一段美好的亲子时光。我们先来跳一段舞蹈，热热身吧！（教师播放歌曲《爱我，你就抱抱我》，大家一起跳热身舞蹈）

（一）社会交往

教师指导语：亲爱的宝宝和家长们，我是你们的××老师。欢迎大家来和老师一起做游戏。

材料准备： 仿真娃娃

教学过程：

1. 教师手持仿真娃娃，绘声绘色地自我介绍

教师指导语：接下来，到了宝宝自我介绍的时间。（取出仿真娃娃）这是老师的宝宝，他的名字叫××，他要做自我介绍了。（教师操作仿真娃娃，用孩子的语气介绍）大家好！我叫××，我的小名叫××，我是一个男/女宝宝，我今年2岁了。希望大家支持我、喜欢我，谢谢大家！（恢复教师语气）宝宝和家长们，我们把大手、小手都伸出来，欢迎××。××，××欢迎你，我们大家欢迎你！

2. 教师邀请宝宝做自我介绍，及时给予鼓励

教师指导语：下面哪位宝宝愿意做一下自我介绍呀？让我们大手、小手伸出来，欢迎××宝宝。××，××欢迎你，我们大家欢迎你！

（二）语言认知：儿歌《大苹果》

材料准备： 儿歌《大苹果》挂图

教学过程：

1. 教师出示儿歌挂图，为宝宝和家长们范读儿歌

教师指导语：今天，老师还给宝宝们带来了一首好听的儿歌《大苹果》。

大苹果呀大苹果，红红脸蛋好像我。

我最喜欢大苹果，就像妈妈喜欢我。

妈妈快来尝苹果，甜甜蜜蜜入心窝。

2. 教师和家长们为宝宝读儿歌，进行互动

（1）家长怀抱宝宝坐好，轻拍宝宝肩膀，有节奏地朗读儿歌。

（2）家长把两腿伸直，宝宝面对家长，坐在家长的腿上，家长双手扶在宝宝的腋下，跟随儿歌的节奏颠弹宝宝。

（3）家长跟随儿歌节奏颠弹宝宝，当说到儿歌最后一个字时，把宝宝从两腿中间漏下去。

（4）教师设计简单的动作，带领宝宝跟随儿歌节奏做动作。

（三）走线环节

材料准备：音乐

教学过程：

教师指导语：请家长和宝宝们大脚、小脚站在蒙氏线上，我们一起跟着音乐来走线。（教师示范走线动作，通过改变上肢动作增加走线难度）

手臂动作设计：

1. 双手搭在肩膀上

2. 两臂侧平举

教师指导语：音乐声渐渐"走远"了，请家长们带着宝宝回到原来的位置。

（四）精细动作：给苹果抓虫子

材料准备：苹果板若干、塑料彩色尖头磨平的小钉子若干、托盘、纸盘（图 4-20）

图 4-20

教学过程：

1. 教师示范精细动作，请宝宝和家长们仔细观察

教师指导语：接下来是××老师的工作时间。工作前，先取工作毯和工作用具。

（1）取工作毯：右手在上，左手在下，竖着放置工作毯。

（2）铺工作毯：左手按住毯子左边，右手轻轻向右拨开毯子，双手从上到下抚平工作毯 3 次，与蒙氏线对齐。

（3）取工作用具，介绍工作用具。

教师指导语：今天，老师给宝宝们分享的工作是"给苹果抓虫子"。请家长和宝宝们"划着小船"来到老师身边。这是一个大苹果，这是彩色小按钉。大苹果肚子里面长虫子了，小朋友们快快帮它抓住虫子。

（4）教师示范"二指捏"与"按"的动作，强调小按钉安全使用的注意事项。

教师指导语：请看老师是怎么做的。二指捏（小按钉）、对准（大苹果上面的虫子）、按（小按钉）。

（5）教师工作结束，收工作用具，哪里拿的放回到哪里去。

2. 宝宝工作时间

教师指导语：下面是宝宝的工作时间。请叫到名字的宝宝到老师这里来领取工作毯。取工作毯的时候，要说"谢谢××老师"。

教师指导语：铺完工作毯的宝宝请到老师这里来取工作用具。取工作用具时，要说"谢谢××老师"。

3. 教师观察、指导宝宝，并和家长们交流

4. 教师提醒宝宝工作时间，让宝宝把工作毯及工作用具送回原处

教师指导语：距离工作结束还有一分钟的时间，请宝宝们抓紧时间。工作结束的宝宝，请把工作用具收好，哪里拿的放回到哪里去。请把工作毯收好，哪里拿的放回到哪里去。

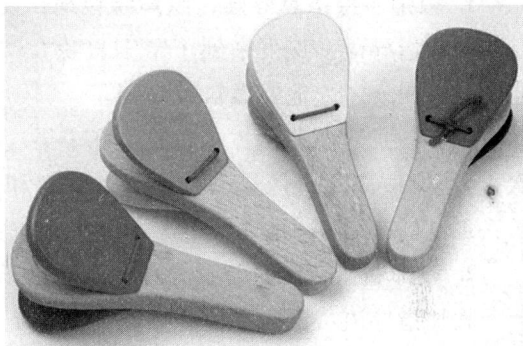

图 4-21

（五）音乐游戏：大苹果

材料准备：音乐《大苹果》、响板（图 4-21）

教学过程：

1. 听音乐做简单律动

2. 教师讲解并演示响板的演奏方法

3. 引导宝宝用响板为音乐进行简单的伴奏

（六）感统游戏：打保龄球

材料准备：保龄球、保龄球瓶（图 4-22）

教学过程：

1. 教师讲述游戏规则，示范动作

图 4-22

2. 为宝宝发放保龄球，请宝宝在距离球瓶一定位置处进行投掷

3. 通过改变宝宝和球瓶的距离，增加游戏的难度

4. 也可以使用沙包代替保龄球，选择系绳沙包和不系绳沙包两种形式来更换任务内容

十、活动 10：雨

教师指导语：亲爱的宝宝和家长们，大家好！很高兴又能和你们共同度过一段美妙的亲子时光。我们先来跳一段舞蹈，热热身吧！（教师播放歌曲《爱我，你就抱抱我》，大家一起跳热身舞蹈）

（一）社会交往

教师指导语：亲爱的宝宝和家长们，我是你们的××老师。欢迎大家和老师一起做游戏。

材料准备：仿真娃娃

教学过程：

1. 教师手持仿真娃娃，绘声绘色地自我介绍

教师指导语：接下来到了宝宝自我介绍的时间。（取出仿真娃娃）这是老师的宝宝，他的名字叫××，他要做自我介绍了。（教师操作仿真娃娃，用孩子的语气介绍）大家好！我叫××，我的小名叫××，我是一个男/女宝宝，我今年 2 岁了。希望大家支持我、喜欢我，谢谢大家！（恢复教师语气）宝宝和家长们，我们大手、小手伸出来，欢迎××。××，××欢迎你，我们大家欢迎你！

2. 教师邀请宝宝做自我介绍，及时给予鼓励

教师指导语：下面哪位宝宝愿意做一下自我介绍呀？让我们大手、小手伸出来，欢迎××宝宝。××，××欢迎你，我们大家欢迎你！

（二）语言认知：儿歌《雨来了》

材料准备：乌龟、蘑菇、瓢虫教具（图 4-23）、儿歌《雨来了》挂图

教学过程：

1. 教师出示儿歌挂图，为宝宝和家长们范读儿歌

教师指导语：今天，老师还给宝宝们带来了一首好听的儿歌《雨来了》，快来一起听听吧！

雨来了，不要怕！乌龟把房背来了！

雨来了，不要怕！蘑菇备好伞一把！

图 4-23

雨来了，不要怕！瓢虫有件防雨褂！

2. 教师和家长们为宝宝读儿歌，进行互动

（1）教师用教具演示儿歌内容。

（2）家长怀抱宝宝，坐好，轻拍宝宝肩膀，有节奏地朗读儿歌。

（3）教师设计简单动作，带领宝宝跟随儿歌节奏做动作。

（三）走线环节

材料准备：音乐

教学过程：

教师指导语：请家长和宝宝们大脚、小脚站在蒙氏线上，我们一起跟着音乐来走线。（教师示范走线动作，也可以通过改变上肢动作增加走线难度）

手臂动作设计：

1. 双手搭在肩膀上

2. 两臂侧平举

教师指导语：音乐声渐渐"走远"了，请家长们带着宝宝回到原来的位置。

（四）精细动作：下雨

材料准备：刮画纸、小木棍（图 4-24）

图 4-24

教学过程：

1. 教师示范精细动作，请宝宝和家长们仔细观察

教师指导语：接下来是××老师的工作时间。工作前，先取工作毯和工作用具。

（1）取工作毯：右手在上，左手在下，竖着放置工作毯。

（2）铺工作毯：左手按住毯子左边，右手轻轻向右拨开毯子，双手从上到下抚平工作毯 3 次，与蒙氏线对齐。

（3）取工作用具，介绍工作用具。

教师指导语：今天，老师给宝宝们分享的工作是"下雨"。请家长和宝宝们"划着小船"来到老师身边。这是一个小朋友打着伞，这是一根小木棍。下雨啦！可是天上的小雨点在哪里？让我们把小雨点变出来吧！

（4）教师示范"刮"的动作。

教师指导语：请看老师是怎么做的。握（小木棍）、刮（画纸）。

（5）教师工作结束，收工作用具，哪里拿的放回到哪里去。

2. 宝宝工作时间

教师指导语：下面是宝宝的工作时间。请叫到名字的宝宝到老师这里来领取工作毯。取工作毯的时候，要说"谢谢××老师"。

教师指导语：铺完工作毯的宝宝请到老师这里来取工作用具。取工作用具时，要说"谢谢××老师"。

3. 教师观察、指导宝宝，并和家长们交流

4. 教师提醒宝宝工作时间，让宝宝把工作毯及工作用具送回原处

教师指导语：距离工作结束还有一分钟的时间，请宝宝们抓紧时间。工作结束的宝宝，请把工作用具收好，哪里拿的放回到哪里去。请把工作毯收好，哪里拿的放回到哪里去。

（五）音乐游戏：大雨、小雨

材料准备： 音乐《大雨、小雨》、沙锤（图4-25）

教学过程：

教师指导语：轻松的游戏时间到了，让我们听一首好听的音乐《大雨、小雨》吧！

1. 听音乐感受音乐旋律，了解音乐结构

2. 教师讲解沙锤的演奏方法

3. 强调强音与弱音不同的演奏方法

4. 引导宝宝用沙锤为音乐做简单的伴奏

图4-25

（六）感统游戏：踩泡泡

材料准备： 彩虹伞（图4-26）、背景音乐

教学过程：

教师指导语：下雨了，下雨了，让我们一起来踩泡泡吧！

家长们蹲在地上，抖动彩虹伞，教师与宝宝一起在彩虹伞上踩伞泡（即在抖动彩虹伞时，伞面出现的许多鼓包）。

图4-26

当音乐响起时，引导宝宝按节奏踩伞泡；音乐停止后，宝宝迅速跑回家长的怀中。

十一、活动 11：小水母

教师指导语：亲爱的宝宝和家长们，大家好！很高兴又能和你们共同度过一段美妙的亲子时光。我们先来跳一段舞蹈，热热身吧！（教师播放音乐《Happy 跳跳》，大家一起跳热身舞蹈）

（一）社会交往

教师指导语：亲爱的宝宝和家长们，我是你们的××老师。欢迎大家来和老师一起玩游戏。

材料准备：仿真娃娃

教学过程：

1. 教师手持仿真娃娃，绘声绘色地自我介绍

教师指导语：接下来，到了宝宝自我介绍的时间。（取出仿真娃娃）这是老师的宝宝，他的名字叫××，他要做自我介绍了。（教师操作仿真娃娃，用孩子的口气介绍）大家好！我叫××，我的小名叫××，我是一个男/女宝宝，我今年 2 岁了。希望大家支持我、喜欢我，谢谢大家！（恢复教师口气）宝宝和家长们，我们大手、小手伸出来，欢迎××。××，××欢迎你，我们大家欢迎你！

2. 教师邀请宝宝做自我介绍，并及时给予鼓励

教师指导语：下面哪位宝宝愿意做一下自我介绍呀？让我们大手、小手伸出来，欢迎××宝宝。××，××欢迎你，我们大家欢迎你！

（二）语言认知：儿歌《小水母》

材料准备：水母图片、水母作业纸（图 4-27）、彩色笔、儿歌《小水母》挂图

图 4-27

教学过程：

1. 教师出示水母图片，引导宝宝认识水母

教师指导语：今天，老师给宝宝们带来了一个好朋友，我们来看看是谁呀？

2. 教师出示彩色笔，邀请宝宝们一起为水母宝宝画上美丽的裙子

教师指导语：水母宝宝的裙子不见了，他们可着急了。宝宝们，我们一起为水母宝宝画上美丽的裙子吧！

3. 教师出示儿歌挂图，为宝宝和家长们范读儿歌

教师指导语：今天，老师还给宝宝们带来了一首好听的儿歌《小水母》。

小小水母海里游，就像一盏小灯笼。

一伸一缩向前进，美丽裙子随波摇！

4. 教师和家长们为宝宝读儿歌，进行颠弹游戏

（1）家长怀抱宝宝坐好，轻拍宝宝肩膀，有节奏地朗读儿歌。

（2）家长把两腿伸直，宝宝面对家长，坐在家长的腿上，家长双手扶在宝宝的腋下，跟随儿歌的节奏颠弹宝宝。

（3）宝宝背对家长，坐在家长的腿上，家长重复颠弹动作。

（4）家长跟随儿歌节奏做颠弹动作。当说到儿歌最后一个字时，把宝宝从两腿中间漏下去。

（三）走线环节

材料准备：音乐

教学过程：

教师指导语：请家长和宝宝们大脚、小脚站在蒙氏线上，我们一起跟着音乐来走线。（教师示范走线动作，也可以通过改变上肢动作增加走线难度）

手臂动作设计：

1. 两臂侧平举

2. 双手放在头顶上

教师指导语：音乐声渐渐"走远"了，请家长们带着宝宝回到原来的位置。

（四）精细动作：小水母的舞蹈裙

材料准备：打好孔的纸盘、五彩线绳、托盘（图 4-28）

教学过程：

1. 教师示范精细动作，请宝宝和家长们仔细观察

教师指导语：接下来是××老师的工作时间。工作前，先取工作毯和工作用具。

（1）取工作毯：右手在上，左手在下，竖着放置工作毯。

（2）铺工作毯：左手按住毯子左边，右手轻轻向右拨开毯子，双手从上到下抚平工作毯 3 次，与蒙氏线对齐。

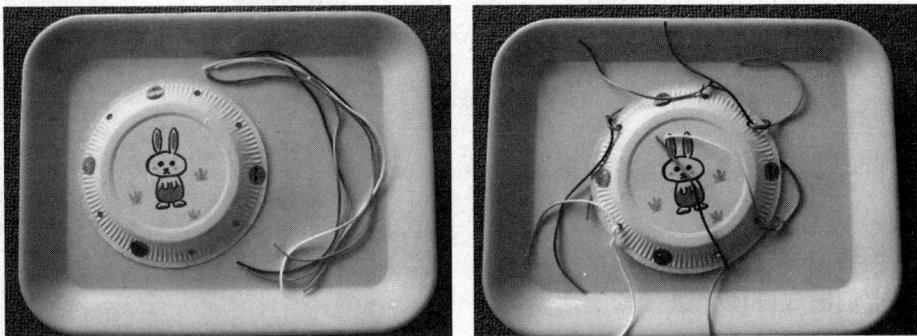

图 4-28

（3）取工作用具，介绍工作用具。

教师指导语：今天，老师给宝宝们分享的工作是"小水母的舞蹈裙"。请家长和宝宝们"划着小船"来到老师身边。这是小水母的身体（打孔的纸盘），这是五彩线绳。小水母要去参加舞会，可是她没有美丽的舞蹈裙，老师这里有很多漂亮的彩色绳子，你能和妈妈一起为小水母制作一件美丽的舞蹈裙吗？

（4）教师示范"穿"与"系"的动作。

教师指导语：请看老师是怎么做的。二指捏（五彩绳）、对准（纸盘上的小孔）、穿（五彩绳）、系（五彩绳）。

（5）教师工作结束，收工作用具，哪里拿的放回到哪里去。

2. 宝宝工作时间

教师指导语：下面是宝宝的工作时间。请叫到名字的宝宝到老师这里来领取工作毯。取工作毯的时候，要说一声"谢谢××老师"。

教师指导语：铺完工作毯的宝宝请到老师这里来取工作用具。取工作用具时，要说一声"谢谢××老师"。

3. 教师观察、指导宝宝，并和家长们交流

4. 教师提醒宝宝工作时间，让宝宝把工作毯及工作用具送回原处

教师指导语：距离工作结束还有一分钟的时间，请宝宝抓紧时间。工作结束的宝宝，请把工作用具收好，哪里拿的放回到哪里去。请把工作毯收好，哪里拿的放回到哪里去。

（五）音乐游戏：水母舞

材料准备：宝宝制作好的小水母、音乐《小步舞曲》

教学过程：

教师手捧小水母，随音乐《小步舞曲》做律动。

教师指导语：我们为小水母制作了美丽的舞蹈裙。现在，小水母邀请我们一起去参加水母的舞会。宝宝们，我们一起拿着的小水母，跟随好听的音乐，跳舞吧！

（六）感统游戏：五彩圈圈

材料准备： 套圈教具（图 4-29）
教学过程：

1. 教师示范套圈的动作并讲解游戏规则

2. 家长辅助宝宝完成套圈动作

3. 宝宝们围成圆圈，进行套圈活动

4. 教师通过改变套圈的距离增加游戏难度

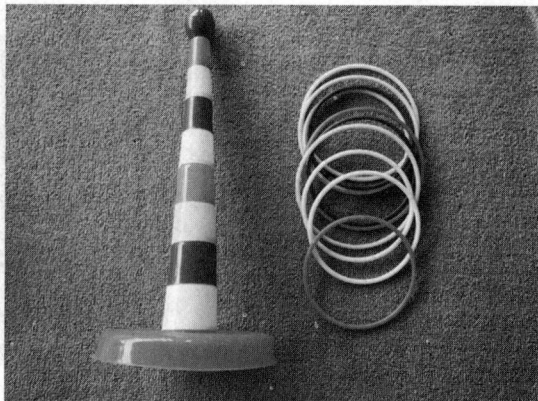

图 4-29

十二、活动 12：夏天

教师指导语：亲爱的宝宝和家长们，大家好！很高兴又能和你们共同度过一段美妙的亲子时光。我们先来跳一段舞蹈，热热身吧！（教师播放音乐《Happy 跳跳》，大家一起跳热身舞蹈）

（一）社会交往

教师指导语：亲爱的宝宝和家长们，大家好！我是你们的××老师。欢迎大家来和老师一起做游戏。

材料准备： 仿真娃娃
教学过程：

1. 教师手持仿真娃娃，绘声绘色地自我介绍

教师指导语：接下来到了宝宝进行自我介绍的时间。（取出仿真娃娃）这是老师的宝宝，他的名字叫××，他要做自我介绍了。（教师操作仿真娃娃，用孩子的语气介绍）大家好！我叫××，我的小名叫××，我是一个男/女宝宝，我今年 2 岁了。希望大家支持我、喜欢我，谢谢大家！（恢复教师语气）宝宝和家长们，我们大手、小手伸出来，欢迎××。××，××欢迎你，我们大家欢迎你！

2. 教师邀请宝宝做自我介绍，及时给予鼓励

教师指导语：下面，哪位宝宝愿意做一下自我介绍呀？让我们大手、小手伸出来，欢迎××宝宝。××，××欢迎你，我们大家欢迎你！

（二）语言认知：儿歌《夏天到》

材料准备： 蝉、青蛙、荷叶的图片（图 4-30），扇子，儿歌《夏天到》挂图
教学过程：

1. 教师出示儿歌挂图，为宝宝和家长们范读儿歌

教师指导语：今天，老师还给宝宝们带来了一首好听的儿歌《夏天到》。

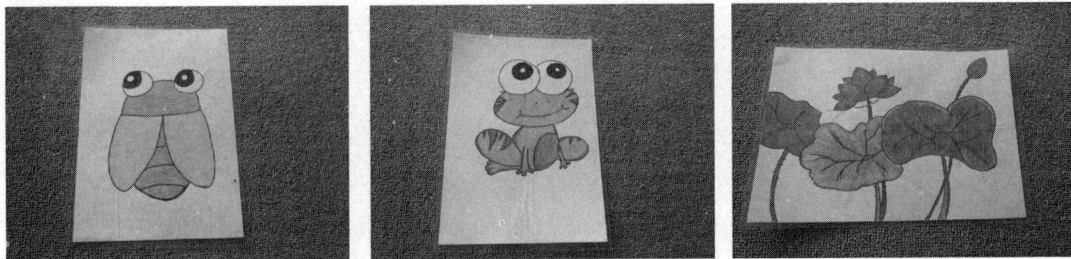

图 4-30

夏天夏天来到了，小小知了唧唧叫，

青蛙来回蹦蹦跳，热得我都出汗了。

2. 教师和家长们为宝宝读儿歌，进行互动

（1）教师使用图片讲解儿歌内容。

（2）家长怀抱宝宝坐好，轻拍宝宝肩膀，有节奏地朗读儿歌。

（3）家长跟随儿歌节奏颠弹宝宝，当说到儿歌最后一个字时，把宝宝从两腿中间漏下去。

（4）请家长给宝宝扇扇子，说唱儿歌。

（三）走线环节

材料准备： 音乐

教学过程：

教师指导语：请家长和宝宝们大脚、小脚站在蒙氏线上，我们一起跟着音乐来走线。（教师示范走线动作，也可以通过改变上肢动作增加走线难度）

手臂动作设计：

1. 两臂侧平举

2. 双手放在头顶上

教师指导语：音乐声渐渐"走远"了，请家长们带着宝宝回到原来的位置。

（四）精细动作：贴纸画《美丽的小池塘》

材料准备： 小池塘背景图、荷叶、莲花画（周围带有小孔，方便宝宝撕，图 4-31）、胶棒

教学过程：

1. 教师示范精细动作，请宝宝和家长们仔细观察

教师指导语：接下来是××老师的工作时间。工作前，先取工作毯和工作用具。

（1）取工作毯：右手在上，左手在下，竖着放置工作毯。

（2）铺工作毯：左手按住毯子左边，右手轻轻向右拨开毯子，双手从上到下抚平工作毯 3 次，与蒙氏线对齐。

图 4-31

（3）取工作用具，介绍工作用具。

教师指导语：今天，老师给宝宝们分享的工作是"贴纸画《美丽的小池塘》"。请家长和宝宝们"划着小船"来到老师身边。这是一张小池塘的图画，这是荷叶，这是荷花。下面，让我们把纸上的荷叶与荷花撕下来，贴到美丽的小池塘里。

（4）教师示范"撕"与"贴"的动作。

教师指导语：请看老师是怎么做的。

教师示范动作：撕纸（撕出荷叶、荷花）、找位置（小池塘）、涂（胶棒）、按（荷叶、荷花）。

（5）教师工作结束，收工作用具和工作毯，哪里拿的送回到哪里去。

2. 宝宝工作时间

教师指导语：下面是宝宝的工作时间。请叫到名字的宝宝到老师这里来领取工作毯。取工作毯的时候，要说"谢谢××老师"。

教师指导语：铺完工作毯的宝宝请到老师这里来取工作用具。取工作用具时，要说"谢谢××老师"。

3. 教师观察、指导宝宝，并和家长们交流

4. 教师提醒宝宝工作时间，让宝宝把工作毯及工作用具送回原处

教师指导语：距离工作结束还有一分钟的时间，请宝宝们抓紧时间。工作结束的宝宝，请把工作用具收好，哪里拿的放回到哪里去。请把工作毯收好，哪里拿的放回到哪里去。

（五）音乐游戏：知了，知了

教师指导语：轻松的游戏时间到了，让我们听一首好听的歌曲吧！

材料准备：2 条纱巾、托盘（图 4-32）、音乐《知了，知了》

图 4-32

教学过程：

1. 宝宝和家长们围坐在一起，听音乐《知了，知了》，上体左右摇摆

2. 宝宝头上蒙着纱巾，唱到"知了、知了"时揭开纱巾

3. 随意游走，随音乐做简单的律动动作

（六）感统游戏：跳皮筋

材料准备： 2根皮筋（图4-33）

教学过程：

1. 踩单根皮筋

宝宝双脚站在皮筋上，再跳下来。

2. 踩两根皮筋

宝宝双脚站在一根皮筋上，跳下来，再站在另一根皮筋上，再跳下来。

3. 抓皮筋

家长将皮筋举高，宝宝使劲儿跳起来，用手抓皮筋。

图4-33

十三、活动13：小火车

教师指导语：亲爱的宝宝和家长们，大家好！很高兴又能和你们共同度过一段美妙的亲子时光。我们先来跳一段舞蹈，热热身吧！（教师播放音乐《Happy跳跳》，大家一起跳热身舞蹈）

（一）社会交往

教师指导语：亲爱的宝宝和家长们，我是你们的××老师。欢迎大家来和老师一起做游戏。

材料准备： 仿真娃娃

教学过程：

1. 教师手持仿真娃娃，绘声绘色地自我介绍

教师指导语：接下来，到了宝宝自我介绍的时间。（取出仿真娃娃）这是老师的宝宝，他的名字叫××，他要做自我介绍了。（教师操作仿真娃娃，用孩子的语气介绍）大家好！我叫××，我的小名叫××，我是一个男/女宝宝，我今年2岁了。希望大家支持我、喜欢我，谢谢大家！（恢复教师语气）宝宝和家长们，我们大手、小手伸出来，欢迎××。××，××欢迎你，我们大家欢迎你！

2. 教师邀请宝宝做自我介绍，及时给予鼓励

教师指导语：下面，哪位宝宝愿意做一下自我介绍呀？让我们大手、小手伸出来，欢迎××宝宝。××，××欢迎你，我们大家欢迎你！

（二）语言认知：儿歌《小火车》

材料准备：小火车模型、儿歌《小火车》挂图、火车的汽笛声音频
教学过程：

1. 教师播放火车的汽笛声音频，引导宝宝初步感知小火车

教师指导语：今天，老师给宝宝们带来了一个好朋友，它要跟我们打招呼，我们一起听一听，它是谁呀？

2. 教师出示儿歌挂图，为宝宝和家长们范读儿歌

教师指导语：今天，老师还给宝宝们带来了一首好听的儿歌《小火车》，一起来听听吧！

咔嚓，咔嚓，咔嚓，什么声音？咔嚓，咔嚓，咔嚓，火车开了。

咔嚓，咔嚓，咔嚓，开往哪里？咔嚓，咔嚓，咔嚓，奔向远方。

3. 教师和家长们为宝宝读儿歌，进行互动

（1）家长怀抱宝宝坐好，轻拍宝宝肩膀，有节奏地朗读儿歌。

（2）家长把两腿伸直，宝宝面对家长，坐在家长的腿上，家长双手扶在宝宝的腋下，跟随儿歌的节奏颠弹宝宝。

（3）家长跟随儿歌节奏颠弹宝宝，当说到儿歌最后一个字时，把宝宝从两腿中间漏下去。

（4）家长随儿歌节奏模仿开火车的动作。

（三）走线环节

材料准备：音乐
教学过程：

教师指导语：请家长和宝宝们大脚、小脚站在蒙氏线上，我们一起跟着音乐来走线。（教师示范走线动作，也可以通过改变上肢动作增加走线难度）

手臂动作设计：

1. 两臂侧平举

2. 双手放在头顶上

教师指导语：音乐声渐渐"走远"了，请家长们带着宝宝回到原来的位置。

（四）精细动作：修理火车

材料准备：塑料螺丝、小火车模型（图4-34）
教学过程：

1. 教师示范精细动作，请宝宝和家长们仔细观察

教师指导语：接下来是××老师的工作时间。工作前，先取工作毯和工作用具。

（1）取工作毯：右手在上，左手在下，竖着放置工作毯。

（2）铺工作毯：左手按住毯子左边，右手轻轻向右拨开毯子，双手从上到下抚平工作毯3次，与蒙氏线对齐。

（3）取工作用具，介绍工作用具。

图 4-34

教师指导语：今天，老师给宝宝们分享的工作是"修理火车"。请家长和宝宝们"划着小船"来到老师身边。这是一辆小火车，这是螺丝钉，这是螺丝帽。下面，让我们把螺丝帽拧到螺丝钉上，把小火车修理好。

（4）教师示范"拧"的动作，强调螺丝帽要对准螺丝钉。

教师指导语：请看老师是怎么做的。

教师示范动作：三指捏（螺丝帽）、对准（螺丝钉）、拧（螺丝帽）。

（5）教师工作结束，收工作用具，哪里拿的放回哪里去。

2. 宝宝工作时间

教师指导语：下面是宝宝的工作时间。请叫到名字的宝宝到老师这里来领取工作毯。取工作毯的时候，要说"谢谢××老师"。

教师指导语：铺完工作毯的宝宝请到老师这里来取工作用具。取工作用具时，要说"谢谢××老师"。

3. 教师观察、指导宝宝，并和家长们交流

4. 教师提醒宝宝工作时间，让宝宝把工作毯及工作用具送回原处

教师指导语：距离工作结束还有一分钟的时间，请宝宝们抓紧时间。工作结束的宝宝，请把工作用具收好，哪里拿的放回到哪里去。请把工作毯收好，哪里拿的放回到哪里去。

（五）音乐游戏：开火车

材料准备： 音乐《开火车》

教学过程：

教师指导语：经过宝宝们的努力，我们终于修好了小火车。接下来，我们一起开着小火车去郊游吧！小乘客们都坐好了吗？老师要开动火车了！

1. 宝宝随音乐做火车行进的律动

2. 通过改变火车的行驶路线增加开火车的趣味性

3. 可以尝试让宝宝做火车头，家长和宝宝们一起参与活动

（六）感统游戏：阳光隧道

材料准备： 阳光隧道、地垫（图4-35）

教学过程：

1. 教师示范钻隧道的动作，引导宝宝模仿

2. 宝宝们排队钻隧道，家长和教师分别在隧道的两端鼓励宝宝

3. 宝宝们分成两组，进行钻隧道比赛

图 4-35

十四、活动 14：爸爸好

教师指导语：亲爱的宝宝和家长们，大家好！很高兴又能和你们共同度过一段美妙的亲子时光。我们先来跳一段舞蹈，热热身吧！（教师播放音乐《Happy 跳跳》，大家一起跳热身舞蹈）

（一）社会交往

教师指导语：亲爱的宝宝和家长们，我是你们的××老师。欢迎大家来和老师一起做游戏。

材料准备： 仿真娃娃

教学过程：

1. 教师手持仿真娃娃，绘声绘色地自我介绍

教师指导语：接下来到了宝宝自我介绍的时间。（取出仿真娃娃）这是老师的宝宝，他的名字叫××，他要做自我介绍了。（教师操作仿真娃娃，用孩子的语气介绍）大家好！我叫××，我的小名叫××，我是一个男/女宝宝，我今年 2 岁了。希望大家支持我、喜欢我，谢谢大家！（恢复教师语气）宝宝和家长们，我们大手、小手伸出来，欢迎××。××，××欢迎你，我们大家欢迎你！

2. 教师邀请宝宝做自我介绍，及时给予鼓励

教师指导语：下面哪位宝宝愿意做一下自我介绍呀？让我们大手、小手伸出来，欢迎××宝宝。××，××欢迎你，我们大家欢迎你！

（二）语言认知：儿歌《爸爸好》

材料准备： 儿歌《爸爸好》挂图

教学过程：

1. 教师出示儿歌挂图，为宝宝和家长们范读儿歌

教师指导语：今天，老师还给宝宝们带来了一首好听的儿歌《爸爸好》。

爸爸棒，爸爸好，爸爸本领真不小。

干得多，做得好，家里、家外他全包。

爸爸、爸爸你真好，让我把你抱一抱。

2. 教师和家长们为宝宝读儿歌，进行互动

（1）家长怀抱宝宝坐好，轻拍宝宝肩膀，有节奏地朗读儿歌，让宝宝静坐，倾听儿歌。

（2）家长把两腿伸直，宝宝面对家长，坐在家长的腿上，家长双手扶在宝宝的腋下，跟随儿歌的节奏颠弹宝宝。

（3）家长和宝宝面对面坐着，边说儿歌边互相拍手。

（4）请家长和宝宝面对面坐着，边说儿歌边互相点点大拇指。

（5）请家长和宝宝想想还有什么动作可以赞美爸爸。

（三）走线环节

材料准备： 音乐

教学过程：

教师指导语：请家长和宝宝们大脚、小脚站在蒙氏线上，我们一起跟着音乐来走线。（教师示范走线动作，也可以通过改变上肢动作增加走线难度）

手臂动作设计：

1. 两臂侧平举

2. 双手放在头顶上

教师指导语：音乐声渐渐"走远"了，请家长们带着宝宝回到原来的位置。

（四）精细动作：方圆小汽车

材料准备： 小汽车背景图，大正方形、小正方形、大圆形、小圆形的纸卡（图4-36），胶棒，托盘

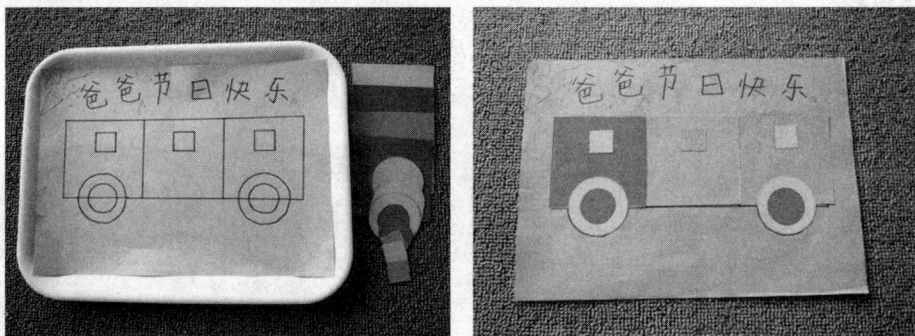

图 4-36

教学过程：

1. 教师示范精细动作，请宝宝和家长们仔细观察

教师指导语：接下来是××老师的工作时间。工作前，先取工作毯和工作用具。

（1）取工作毯：右手在上，左手在下，竖着放置工作毯。

（2）铺工作毯：左手按住毯子左边，右手轻轻向右拨开毯子，双手从上到下抚平工作

毯 3 次，与蒙氏线对齐。

（3）取工作用具，介绍工作用具。

教师指导语：今天，老师给宝宝们分享的工作是"方圆小汽车"。请家长和宝宝们"划着小船"来到老师身边。这是一辆小汽车，这是大正方形，这是小正方形，这是大圆形，这是小圆形。下面，让我们把小汽车装饰好，送给爸爸。

（4）教师示范"位置对应"与"贴"的动作，注意不同图形的位置对应。

教师指导语：请看老师是怎么做的。

教师示范动作：对准（图形与位置）、涂（胶棒）、按（图形）。

（5）教师工作结束，收工作用具，哪里拿的放回到哪里去。

2. 宝宝工作时间

教师指导语：下面是宝宝的工作时间。请叫到名字的宝宝到老师这里来领取工作毯。取工作毯的时候，要说"谢谢××老师"。

教师指导语：铺完工作毯的宝宝请到老师这里来取工作用具。取工作用具时，要说"谢谢××老师"。

3. 教师观察、指导宝宝，并和家长们交流

4. 教师提醒宝宝工作时间，让宝宝把工作毯及工作用具送回原处

教师指导语：距离工作结束还有一分钟的时间，请宝宝们抓紧时间。工作结束的宝宝，请把工作用具收好，哪里拿的放回到哪里去。请把工作毯收好，哪里拿的放回到哪里去。

（五）音乐游戏：拉个圆圈走走

材料准备：音乐《拉个圆圈走走》

教学过程：

1. 教师、宝宝和家长们一起手拉手，拉成一个大圆圈

2. 听音乐，按指令一起律动

（六）感统游戏：送图形宝宝回家

材料准备：三角形、圆形、正方形纸卡若干（图 4-37）、贴有相应图形的小盆 8个、单边桥、呼啦圈

教学过程：

教师指导语：图形宝宝们在森林中迷了路，宝宝们能不能帮助图形宝宝穿过大森林，找到回家的路呀？

1. 教师提前将 3 种图形纸卡撒在活动区域的地面上

图 4-37

2. 教师引导宝宝捡起图形，越过障碍，放进贴有相应图形的小盆里

十五、活动 15：多彩世界

教师指导语：亲爱的宝宝和家长们，大家好！很高兴又能和你们共同度过一段美妙的亲子时光。我们先来跳一段舞蹈，热热身吧！（教师播放音乐《Happy 跳跳》，大家一起跳热身舞蹈）

（一）社会交往

教师指导语：亲爱的宝宝和家长们，我是你们的××老师。欢迎大家来和老师一起做游戏。

材料准备： 仿真娃娃

教学过程：

1. 教师手持仿真娃娃，绘声绘色地自我介绍

教师指导语：接下来到了宝宝自我介绍的时间。（取出仿真娃娃）这是老师的宝宝，他的名字叫××，他要做自我介绍了。（教师操作仿真娃娃，用孩子的语气介绍）大家好！我叫××，我的小名叫××，我是一个男/女宝宝，我今年 2 岁了。希望大家支持我、喜欢我，谢谢大家！（恢复教师的语气）宝宝和家长们，我们大手、小手伸出来，欢迎××。××，××欢迎你，我们大家欢迎你！

2. 教师邀请宝宝做自我介绍，及时给予鼓励

教师指导语：下面，哪位宝宝愿意做一下自我介绍呀？让我们大手、小手伸出来，欢迎××宝宝。××，××欢迎你，我们大家欢迎你！

（二）语言认知：儿歌《彩虹桥》

材料准备： 儿歌《彩虹桥》挂图、彩虹糖、彩虹图片、和彩虹颜色相对应的卡片

教学过程：

1. 教师为宝宝们发放彩虹糖，通过多种感官认识彩虹

教师指导语：今天，老师给宝宝们准备了一个小礼物，请宝宝们闭上你们的眼睛，伸出你们的小手，老师会把礼物放到你们的小手上。现在，请宝宝们睁开眼睛看一看，手里的糖果是什么颜色的呀？然后，尝一尝是什么味道的。

2. 教师出示彩虹图片，带领宝宝欣赏美丽的彩虹

教师出示彩虹图片，引导幼儿认识彩虹的颜色。每当宝宝说出一种颜色，教师马上出示和彩虹颜色相对应的卡片，强化宝宝对颜色的认知。

3. 教师为宝宝简单讲述彩虹形成的原因，让宝宝了解大自然的神奇

4. 教师出示儿歌挂图，为宝宝和家长们范读儿歌

教师指导语：今天，老师还给宝宝们带来了一首好听的儿歌《彩虹桥》，一起来听听吧！

雨过了，天晴了，太阳公公微微笑。

红橙黄绿青蓝紫，天边出现彩条条。

你猜条条是什么？原来是座彩虹桥。

5. 教师和家长们为宝宝读儿歌，进行互动

（1）家长怀抱宝宝坐好，轻拍宝宝肩膀，有节奏地朗读儿歌。

（2）家长把两腿伸直，宝宝面对家长，坐在家长的腿上，家长双手扶在宝宝的腋下，跟随儿歌的节奏颠弹宝宝。

（3）家长跟随儿歌节奏颠弹宝宝，当说到儿歌最后一个字时，把宝宝从两腿中间漏下去。

（4）家长边读儿歌边根据儿歌内容指认颜色卡片，再次加深宝宝对颜色的认知。

（三）美术活动：画彩虹

材料准备： 7种颜色的画笔、白纸

教学过程：

1. 教师为宝宝提供7种颜色的画笔和白纸，要求宝宝用简单的线条画出彩虹

2. 教师和宝宝根据自己所创作的图画来熟悉彩虹的颜色

3. 教师和宝宝一起边朗读儿歌边指出彩虹的颜色

（四）走线环节

材料准备： 音乐

教学过程：

教师指导语：请家长和宝宝们大脚、小脚站在蒙氏线上，我们一起跟着音乐来走线。（教师示范走线动作，也可以通过改变上肢动作增加走线难度）

手臂动作设计：

1. 两臂侧平举

2. 双手放在头顶上

教师指导语：音乐声渐渐"走远"了，请家长们带着宝宝回到原来的位置。

（五）精细动作：彩色苹果

材料准备： 彩色苹果作业纸、彩色小夹子、托盘（图4-38）

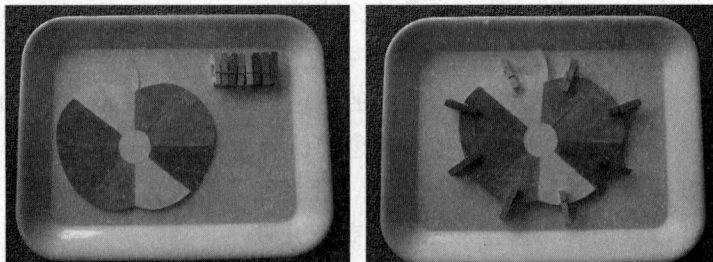

图4-38

教学过程：

1. 教师示范精细动作，请宝宝和家长们仔细观察

教师指导语：接下来，是××老师的工作时间。工作前，先取工作毯和工作用具。

（1）取工作毯：右手在上，左手在下，竖着放置工作毯。

（2）铺工作毯：左手按住毯子左边，右手轻轻向右拨开毯子，双手从上到下抚平工作毯3次，与蒙氏线对齐。

（3）取工作用具，介绍工作用具。

教师指导语：今天，老师给宝宝们分享的工作是"彩色苹果"。请家长和宝宝们"划着小船"来到老师身边。这是彩色的苹果，这是彩色的小夹子。下面，让我们把彩色小夹子夹到与苹果颜色对应的部分。

（4）教师示范"夹"的动作，同时强调颜色的对应。

教师指导语：请看老师是怎么做的。

教师示范动作：对准（夹子颜色与苹果颜色相对应）、夹（把夹子夹到与苹果颜色对应的位置）。

（5）教师工作结束，收工作用具，哪里拿的放回到哪里去。

2. 宝宝工作时间

教师指导语：下面，是宝宝的工作时间。请叫到名字的宝宝到老师这里来领取工作毯。取工作毯的时候，要说"谢谢××老师"。

教师指导语：铺完工作毯的宝宝请到老师这里来取工作用具。取工作用具时，要说"谢谢××老师"。

3. 教师观察、指导宝宝，并和家长们交流

4. 教师提醒宝宝工作时间，让宝宝把工作毯及工作用具送回原处

教师指导语：距离工作结束还有一分钟的时间，请宝宝们抓紧时间。工作结束的宝宝，请把工作用具收好，哪里拿的放回到哪里去。请把工作毯收好，哪里拿的放回到哪里去。

（六）感统游戏：运送彩虹球

材料准备：夹球棒、7种颜色的球（图4-39）、万向组合教具、障碍物、7种颜色的筐

教学过程：

教师指导语：颜色宝宝们去森林里游玩，但是它们迷路了。现在，请各位宝宝穿过森林里的障碍，帮助颜色宝宝回到彩虹妈妈的怀抱。注意要让不同颜色的球回到相应颜色的筐里。

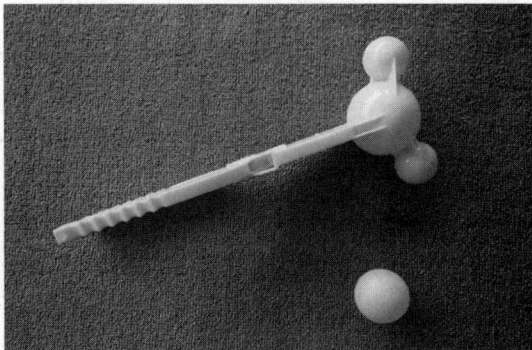

图 4-39

1. 教师示范用夹球棒夹球的动作

2. 教师引导宝宝夹不同颜色的球，并将夹到的球放进相应颜色的筐中

2～3岁幼儿早期教育活动的设计与实践

第一节　2～3岁幼儿的生理发展

一、大脑的发展

幼儿经过头两年的发育，3岁时的脑重量达到成人的75%，约为1 170g。从大脑皮质看，皮质细胞迅速扩展，突触日趋复杂化，白质与灰质明显分开，并开始实现髓鞘化，大脑皮质的发展促使脑神经纤维的形成。从大脑功能看，3岁的幼儿已具有大脑功能单侧化倾向，右利手儿童大脑左半球逐渐显示出语言优势。大脑的树突网络密集，表示脑部活动日趋发达。心理学专家认为，从出生到3岁是智力发展最快的时期。若以17岁时的智力为100计算，8岁时进行开发，只能开发到20%，4岁时却能开发到50%，更多的潜能开发于3岁之前。孩子在3岁以前，智商已经达到成人的75%～80%。

二、体格的发展

1～3岁的幼儿，身体的发育是比较迅速的，身长几乎是初生时的一倍，体重是初生时的4倍。幼儿体重可按体重简易公式粗略计算：体重（kg）＝年龄×2＋8。满2周岁幼儿平均体重为12kg；满3岁幼儿平均体重为14kg。身高可按身高简易公式粗略计算：身高（cm）＝年龄×5＋75。以此公式计算，满2岁幼儿平均身高为85cm；满3岁幼儿平均身高为90cm。我国现行的儿童身高、体重参考标准是参照2009年6月2日由卫生部正式公布的《中国7岁以下儿童生长发育参照标准》，家长可参考此标准查看孩子的身高、体重是否达标。幼儿到了2岁，四肢的生长速度加快，骨骼也在迅速生长。幼儿不仅可以独立行走，而且运动范围也扩大了许多。这一时期是幼儿生长发育最旺盛的时期，必须保障充足的营养。

第二节　2～3岁幼儿的认知能力发展（表5-1）

一、感知觉的发展

2～3岁幼儿的感知觉发展最为迅速，很多感知觉都已接近或达到成人水平。

听觉。2～3岁幼儿的听力发展主要表现在词音的辨别更加准确，这为语言发展创造了条件。

视觉。2岁幼儿已经能认识一些颜色，认识红、黄、蓝、绿等基本色要比混合色（如紫色、橙色）和近似色（深蓝色、浅蓝色）更容易。3岁幼儿对各种颜色的色调难以辨别，如蓝色和天蓝色，绿色和草绿色。儿童在颜色视觉习得过程中，一般能先分辨和认识颜色，然后才掌握颜色的名称。3岁的幼儿开始能说出一些颜色的名称。研究发现，3个月大的婴儿已经有了分辨简单形状的能力。3岁的幼儿能够掌握一些简单的几何图形，如圆形、正方形、三角形等，但是要正确说出几何图形名称却比较困难，他们往往会用自己熟悉的物体名称代替几何图形的名称。例如，将圆形称为太阳、气球，将梯形称为屋顶，将半圆形称为月亮。因此，早期教育的教师应根据幼儿掌握图形的规律，引导幼儿把图形识别与身边熟识的事物相联系，由易到难地辨认、识别图形。在此基础上，反复提示图形名称，指导幼儿说出名称，完成名称与图形指认的结合。

知觉。随着幼儿动作和活动的发展，特别是随意行走的出现，各种复杂的知觉也就初步发展起来了。这个时期的幼儿已经出现了最初的空间知觉、时间知觉。如果把他常用的一些东西和常玩的玩具改变了存放的地方，开始他仍会到原来的地方去寻找，这说明他对物体的空间关系有了一定的记忆和了解。从方位知觉的发展来看，一般认为3岁幼儿能辨别上下，而对前后和左右要到4～5岁才能辨别。在时间知觉的发展方面，2岁左右的幼儿通过模仿成人有时能说出一些表示时间的词，但却不能准确理解每个时间词的意义。例如，当他们在玩玩具的时候，大人喊吃饭，他们会一边说着"马上就来"，一边若无其事地继续玩。这个时期的幼儿对于一些相对性的时间概念仍难以理解，如把过去的时间都称为"昨天"，把未来的时间都称为"明天"。

2～3岁幼儿的认知具有概括性和随意性，他们可以利用词把知觉的对象从背景中分辨出来，如用"小狗"一词把"小狗"从其他玩具中找出来，用"眼睛""耳朵"等词把小狗的眼睛、耳朵等认出来，还能在大人言语的指导下，短暂地观看图片，感知事物，这可以看作是"观察"的萌芽。他们能粗略地感知物体大小、形状、表面光滑与粗糙、软硬和弹性等特性。家长要多让这个时期的孩子走出家门，在外界广阔的天地里除了让孩子学习运动、语言，以及与人交往的能力之外，还要让他有充分的时间观察外界的花草树木、五颜六色的景物以及环境的变化，以此锻炼他的观察能力。

二、注意的发展

2岁以后，幼儿的注意发展开始受到表象的影响。当看到的事物和已有的表象之间出现矛盾或差距较大时，幼儿会产生最集中的注意。例如，在一个对2岁幼儿注意进行研究的实验中发现，半数以上的幼儿在看到幻灯片中的一个女人把自己的头拿在手里时，表现出了明显的心率加速，产生最集中的注意。3岁以前的幼儿额叶发育尚不充分，主要仍以无意注意为主，注意总是一不小心就被其他事物"勾走"了。但是，当有成人在一旁协助，给予他一定的引导和鼓励时，幼儿有意注意的时间就会延长，会促进其有意注意的发展。例如，当幼儿玩玩具时，成人可以先在一旁陪伴，观察幼儿玩玩具的过程，不要打扰，让幼儿专心地投入到游戏中。当发现幼儿有点玩腻了、开始东张西望时，家长可以适时地介入："宝宝，刚才，妈妈看到你把娃娃放在小床上，妈妈觉得很有意思。娃娃是不是困了，要睡觉了啊？"再一次引发幼儿对这个游戏的兴趣，延长其有意注意的时间。

三、记忆的发展

2岁前幼儿的记忆主要是无意记忆。2岁以后，随着幼儿认知能力的提高以及语言能力的迅速发展，有意记忆开始萌芽，语词记忆开始增多，可以逐渐记住一些简单的儿歌、故事，可以根据成人的指令完成简单的任务。周念丽在其主编的《0～3岁儿童心理发展》

一书中提出，综合各种研究结果发现 18 个月的幼儿记忆已经能够保持 13 周，此后的记忆保持时间随年龄增长会不断的延长。2 岁以后，随着幼儿语言的发展，再现的形式越来越确定。比如，幼儿会把他从爱看的动画片中学会的"你活得不耐烦了吗"表现在他的某个生活场景中。

成人可以采取多种方式来训练幼儿的记忆能力，如模仿动物。模仿是幼儿将大脑中记忆的信息通过形象动作表现出来的行为，模仿得越逼真，说明幼儿对事物的再现能力越强。因此，让幼儿模仿他人语言和行为，是训练幼儿形象记忆能力的好方法，而幼儿最喜欢模仿的首先是动物的形象。带孩子去动物园，让幼儿模仿猴、狮子等动物走路、搔痒痒、吃东西的样子，以训练幼儿对事物的回忆及再现能力，还可以教幼儿背一些古诗。2～3 岁的幼儿语言表达能力越来越强，完全可以在激发兴趣的前提下，多教幼儿背一些五言四句小古诗，如《静夜诗》《春晓》。教宝宝背儿歌、背古诗，是训练幼儿记忆能力的主要方式。在讲故事的时候，还可以就故事内容向宝宝提问，刚开始只提一两个比较简单、明显的问题，之后随着能力的提高，可以多提一些问题，训练幼儿对事物记忆和重现的能力。

四、思维的发展

陈帼眉认为，按照我们现在通常认可的思维概念，幼儿思维的发生应该在感知、记忆等过程之后，与语言真正发生的时间相同，即 2 岁左右，2 岁以前是思维发生的准备阶段。皮亚杰认为，2 岁左右，幼儿开始进行一种象征性游戏，他们可能会拿着电视遥控器假装在打电话。象征性游戏的出现标志着幼儿开始应用象征性符号来进行思维活动，这意味着幼儿已经脱离了具体的感知和动作，凭借对表象的联想和想象来进行思维。一般认为 2～3 岁的幼儿开始由直观动作思维向具体形象思维转换。例如，在游戏时，儿童用小木凳当汽车，用竹竿做马，木凳和竹竿是符号，而汽车和马则是符号象征的东西。儿童经常会玩"过家家""医生和病人"等角色扮演游戏和假扮游戏，将头脑中关于家庭生活或者医生看病的情形表现出来。另一种相关的行为是幻想行为，如和幻想中的伙伴一起玩。这一阶段，幼儿思维的内容是具体的，他们更容易理解带有形象性的具体词汇，如"杯子"，而对于抽象性词汇，如"道德"则较难理解。因此，在与幼儿交流时要尽可能多地使用他们能理解的形象且具体的词汇。

表 5-1　2～3 岁幼儿的认知能力发展

认知能力	发 展 指 标
感知觉	**视力：** 1. 到 2 岁时，视力变得越来越好，视力度数达到 0.4～0.5，能区分远处及近处的东西；3 岁时，视力度数达到 0.6，视力更敏锐，手眼协调更佳 2. 能分清各种基本颜色，如红、黄、蓝、绿色。2～3 岁幼儿比较偏爱暖色，而不太喜欢冷色。对颜色偏爱的一般顺序为红、黄、绿、橙、蓝、白、黑、紫色 **听力：**2 周岁幼儿能持久地注意倾听一些声音，如电视声、电话铃声等，可以分辨家庭成员说话的声音。能按指令做两件事，如把门打开，再把皮球放好

（续）

认知能力	发 展 指 标
感知觉	**知觉**：能准确判别平面物体的大小、两个物体的远近、上下。可以根据成人的语言指示拿出大皮球和小皮球；放在不同远近的两个物品，幼儿能知道哪个近、哪个远。成人在对0～3岁婴幼儿进行方位知觉的早期指导、教育时，应注意多以婴幼儿为中心让其辨别方位，多以上、下方位为主进行练习。3岁时，可以适当增加对前后方位的辨识练习 **时间知觉**：2岁左右的幼儿会模仿成人说一些表示时间的词，知道"现在"和"等一会儿"，知道了"马上"和"很久"的区别，但对时间词的意义不大理解，乱用"今天""明天""后天"等时间概念。明明是很久以前的事也会说成"昨天"和"刚才"。3岁左右的幼儿开始形成初步的时间概念，但多与他们具体的生活实践相联系。比如，他们对"周末"的理解，就是"不用去幼儿园的时候"；对"晚上"的理解，就是"睡觉的时候"；对"早晨"的理解，就是"起床的时候"
注意	3岁前的幼儿仍以无意注意为主，注意力保持在20～30分钟，在成人的引导下能持续专注于当前的事物
记忆	有意记忆开始出现，语词记忆的发展较为明显，能背诵简单的儿歌、诗歌，会讲故事。成人可以通过教幼儿背小古诗、让他模仿动物等方法锻炼其记忆能力
思维	从直觉动作思维向具体形象思维转换，幼儿会利用各种物体玩"象征性游戏"，如把小椅子当做"火车座椅"，几个孩子排成一排，玩"开火车"的游戏；还有各种假扮游戏，如过家家、假扮动画片中自己喜欢的某个角色等。父母应该经常鼓励幼儿进行角色扮演和幻想的游戏，以促进幼儿思维的发展

第三节 2～3岁幼儿的动作技能发展（表5-2）

一、大动作技能的发展

2岁以后幼儿的粗大动作以日新月异的速度发展和变化着，逐渐出现跑、跳、钻、蹲等基本动作。粗大动作的发展被称为儿童生长发育的里程碑。一般来说，1岁左右的幼儿基本上能开始蹒跚学步。2～2.5岁幼儿行走能力有了很大的进步，他们能向不同方向走、曲线走、侧身走，还能上、下楼梯，有些幼儿还能倒退着行走，但步伐不稳，容易摔跤。2岁以后，幼儿能迈开较大的步子奔跑，还可以追逐跑、绕开障碍跑等。让幼儿进行跑的练习时，可以先牵着幼儿的手跑，面对面牵手、侧面牵手都可以，但注意不要用力拉着幼儿的手，应尽量让他自己掌握平衡，然后逐渐放开他的手，让他自己跑。跑的练习还包括让幼儿练习自动放慢脚步、平稳地停下来，这样才算真正学会了跑。成人可以用口令让幼儿学会逐渐放慢步子、停稳，还可以通过追逐某个移动的目标如皮球、小动物等，让幼儿学习停下脚步。

二、精细动作技能的发展

0～3岁是幼儿精细动作发展极为迅速的时期。精细动作的发展主要表现在手的抓握动作上，手是人体最复杂、最精细的器官之一，而且在儿童智能发展中占有非常重要的地位。2～3岁幼儿手部的精细动作在第二年动作的基础上迅速发展，动作更加复杂化，不仅能够完成一些诸如喝水、吃饭、穿衣、脱鞋袜等事情，也逐渐能够做一些技巧动作，如穿珠、一只手端碗、折纸、画画、搭积木等。不仅单手动作技能有了极大的发展，而且双手动作之间的协调也越来越好。为了更好地促进2～3岁幼儿精细动作的发展，成人可以尽可能地利用生活当中的各种机会和各种物品对幼儿进行训练，如逐渐让幼儿自己捏东西吃、拿取物品、套杯子、翻书、涂鸦、画画、穿珠子、扣扣子、盖瓶盖儿等方式进行手部抓握动作的训练。利用各种游戏活动锻炼幼儿的手眼协调能力，让幼儿从事一些大肢体运动方面的游戏，如投篮、拍球、传球、爬行等，这些都是促进幼儿手眼协调能力发展的良好途径。成人可以尽可能多地带幼儿到大自然中捡小石子、扑蝴蝶、捉蜻蜓、捉小蚂蚁，让幼儿听一听、摸一摸、看一看，感受不同颜色、形状、质地的物体，体会大自然的神奇。

表5-2　2～3岁幼儿的动作技能发展

动作技能	发 展 指 标
大动作	能自如、协调地走，大步子跑，追逐跑 能单脚原地跳，双脚离地连续2～3次跳跃 能快速爬行 能低头钻过障碍物 能跨越一条矮的平衡木 3岁左右，能双脚交替上下楼梯，还能并足跳远
精细动作	会自己洗手、擦脸，画垂直线、水平线 会两手配合穿鞋袜、解衣扣、拉拉链等，进行简单的自我服务 2岁以后，出现更高级的手眼协调动作。能穿珠、折纸，独自用3～4块积木搭楼房，把水从一个杯子倒入另一个杯子里等

第四节　2～3岁幼儿的语言能力发展（表5-3）

2～3岁是幼儿学习语言和发展语言的关键时期，也是学习口语的最佳年龄阶段。这一时期儿童的语言发展特别迅速，说话的积极性特别高。尽管说的话仍然以简单句为主，但是说话的内容丰富了。他们已经掌握了与生活有关的最基本词汇和语言，会正确地运用代词"你""我"等，例如会说"不要你了，我自己睡"，还会说上几句儿歌。2岁以后开始掌握形容词、代词和副词。2岁半以后，逐渐掌握介词、量词、叹词等词汇。在生活中，我们可能会听到幼儿说"红红的苹果，苹果真甜"。这个阶段，大多数的幼儿开始学习运用合乎语法规则的完整句子表达自己的思想，还会配合自己的肢体语言说话，逐渐能用语言与人进行一般的交流，这对于儿童社会化的发展具有重要意义。2岁半以后的幼儿对语言的理解和接受能力越来越强，家长不能只限于教会幼儿说物体的名称，而是要教会其物体的作用、物体外部特点的描述，例如大小、颜色、形状、轻重等，扩展他对物体的理解。利用提问题的形式，鼓励幼儿多说话，表达自己的感受，对物体进行形容。

表5-3 2～3岁幼儿的语言能力发展

年龄	语言发展阶段	发 展 指 标
2～3岁	完整句阶段	1. 词汇量迅速增加。3岁幼儿词汇量约为3 000个左右。2岁左右是幼儿疑问句的主要产生时期，喜欢提问，问"是什么""为什么" 2. 语法结构越来越完整。每个句子的词量不断增多，大部分句子都有6～10个词语。如从"两个娃娃玩积木"的简单修饰句，到"妈妈不要说了，宝宝要睡觉啦" 3. 语言理解能力不断提高，比如对"狗"这个词的理解不仅指家里的狗，还包括这一类特征的动物。"爷爷"不仅指家里自己的爷爷，也包括其他跟自己爷爷年龄相仿的老人。语言表达不够流畅，说话时容易颠倒顺序、经常重复，虽然看起来像口吃，但对于3岁的幼儿来讲是正常、自然的现象，家长不可以过多指责 4. 这一时期幼儿的语言还不能脱离环境和活动。因此，要注意丰富幼儿生活，让其广泛接触周围的人和事，在日常生活中或游戏中与人的交往、说话中，发展和丰富语言。成人可以通过讲故事、看图书、背儿歌的形式，让孩子学会说完整的句子，让孩子逐渐积累词汇量，学习使用词汇，学会描述事物以及表达自己的体验

第五节 2～3岁幼儿的社会性发展（表5-4）

一、人际交往的发展

1岁时，幼儿出现了许多社交行为，如大笑、打手势和模仿，但是在整个第一年期间，大部分社交行为是单方面发起的。2～3岁的幼儿逐渐从对父母的依恋发展到与同伴的社会交往，幼儿开始与同伴建立友谊。3岁的幼儿就可能会愿意放弃自己宝贵的游戏时间，去做一项乏味的事情，只要他们认为这样做对朋友有利就好。在陌生情境中，幼儿面对从未见过的新异刺激时，如果有其他朋友相伴，他们会表现出更多的积极反应。比如在游乐场里，如果是比较熟悉的两个幼儿同时在蹦蹦床上，他们更容易表现出兴奋感来。

为了更好地帮助幼儿发展社交能力，成人可以主动为孩子找玩伴，增加其交往机会。在交往过程中，把交往的机会还给孩子。在谈到"宝宝几岁啦"或者"宝宝握握手"之类的话题时，不妨让孩子主动和另一个家庭的孩子打招呼。尤其要避免别人问孩子话时，代替孩子作答。父母是幼儿的第一任老师，要主动地教孩子一些与人交往的方法。比如当孩子表现出想跟别人玩、却又害怕不敢去说，或者不知道如何跟小伙伴说的时候，可以给孩子示范如何加入别人的游戏。家长还可以引导孩子们玩"老鹰捉小鸡"等游戏，鼓励两个或更多的幼儿一起画大幅的图画，或者放一些音乐，让孩子们一起投入地舞蹈。

二、自我意识的发展

2岁以后，幼儿开始构建客我。客我是指站在观察者角度所认识到的自我，即把自己看作认识和评价的对象。孩子开始认识自己一些独一无二的特征，随着幼儿年龄的增长，自我认知能力也逐渐提高。2岁左右的幼儿开始知道自己的名字，如成人问"小雨是谁"，他会指向自己。这时，幼儿只是把名字理解为自己的代号。2～3岁的幼儿在口语表达中开始出现第一人称"我"，从知道自己名字过渡到掌握代名词，可以说这是自我意识发展中的一次质变和飞跃。从此，幼儿的独立性开始大大增长，经常说"我自己来，我要"。幼儿掌握人称代词比掌握名词困难得多，代词有很大的概括性，运用时必须要有一个内部转换的过程。例如，母亲问孩子"谁给你的糖"，孩子应该回答"阿姨给我的糖"，而不能说成"阿姨给你的糖"。随着幼儿把自己当作客体的人来认识之后，会逐步学会自我评价，懂得乖与不乖、好与不好的含义。

2岁的幼儿已经能区分自己的东西和别人的东西，他们对东西的占有欲随着自我意识的发展越来越强烈。当其他幼儿拿他的玩具时，他会大叫"这是我的"，认为一切自己喜欢的东西都归自己所有。因此，幼儿与小朋友之间也会经常发生争夺东西的情形。他也不愿意和其他小朋友分享自己的玩具，表现出极强的物我意识。因此，当成人要求这个年龄的幼儿和同龄儿童友好地分享玩具时，应该先说"是的，那是你的玩具"，然后再征求他的意见，问他："你能让其他小朋友和你一起玩这个玩具吗？"而不是一味地坚持要他和别人分享。2～3岁幼儿的自我意识迅速发展，开始进入心理上的"第一反抗期"。家长们会发现这一时期的幼儿特别难带，因为孩子会很不听话，"不好""不要"等成了他们的口头禅，还总和家长对着干。以上这些表现都是幼儿建立"自我"的过程，家长要尽量尊重幼儿合理的愿望，不要随便呵斥幼儿。

三、情绪的发展

2～3岁是幼儿情绪、情感发展的敏感期。此时，情感活动伴随着他们的生活而存在。随着幼儿的成长，情绪逐渐与社会性需求相联系，而不仅仅是与生理需求有关。通过观察发现，3岁的幼儿比1.5岁的幼儿展示出更多对小朋友的微笑。随着幼儿与人交往能力的提升和交往范围的扩大，不仅社会性微笑增多，哭也更多的是由心理现象引起的。随着年龄的增长，当哭作为主要情绪表达方式的时候，它更多表达的是负面情绪。这时的啼哭都与生活经验不足、生活能力低下或遇到力不从心的事情有关，如走路时不小心摔倒就会哭，积木搭不好也会哭，自己的需求未得到满足时也会哭等。这类哭是不可避免的，父母要注意的是，尽量减少孩子哭的次数，缩短每次哭的时间，降低伤心的程度。对于这个年龄阶段幼儿的哭，父母需要重视，因为它往往是不良情绪的反映。父母要尽量做到哭前积极预防，哭时正确对待，哭后加强教育。专家通过观察与研究发现，幼儿一般会毫无保留地表露自己的情绪，以后则会根据社会的要求调节其情绪表现方式。幼儿从2岁开始就已经能够用表情这一手段去影响别人，并学会在不同的场合下，用不同的方式表达同一类情感。如孩子都喜欢吃糖，在自己家可能随便拿来就吃，如果在别人家做客，则不好意思直接说出，会用表情表达喜欢吃糖的意思。

四、性别角色的发展

性别是人类最显而易见的分类。性别角色的发展是以儿童性别概念的掌握为前提的，即只有当孩子知道男孩和女孩是不同的，才能进一步掌握男孩和女孩不同的行为标准。幼儿对性别的认知大约从2~3岁开始。从2岁开始幼儿能根据他人身体的外在特征判断他人的性别，如长头发、穿裙子的是女人，短发的是男人等。但这时还不能准确地说出自己是男孩、还是女孩。大约2岁半到3岁，绝大多数幼儿能准确地说出自己的性别。同时，这个年龄的孩子已经有了一些关于性别角色的初步认识，如女孩要玩娃娃、喜欢粉色，男孩要玩汽车、喜欢蓝色等。幼儿对同性别玩伴的偏好也出现得很早。观察发现，女孩在2岁时就表现出更喜欢与其他女孩玩，而不喜欢跟吵吵闹闹的男孩玩，男孩在3岁时才有稳定的表现。3~4岁的幼儿知道性别是不会因为时间的变化而发生变化，但此时的幼儿对性别的恒常性不稳定，如他会认为穿上裙子、戴上长假发的男孩就变成了女孩。

表5-4　2~3岁幼儿的社会性发展

社会性方面	发 展 指 标
人际交往	2~3岁的幼儿开始更多地把注意力从父母身上转移到同伴身上。幼儿与同伴交往的最主要方式是游戏。从2岁开始，幼儿间协同、合作游戏的数量在上升，而独自游戏、旁观和无所事事的行为在下降。在与同伴交往过程中，经常为了争夺物品发生打、推、踢、咬等攻击行为。这是因为这一阶段的幼儿自我意识高度发展，所以才会表现出"自私"和"占有欲"。家长要知道只有在矛盾和冲突中，孩子才能学会如何解决交往中的问题。成人要有意识地通过正确的引导让孩子在争抢和矛盾中学习面对和解决交往中的问题
自我意识	认识自己的外貌、身高、年龄、优缺点等特征，知道自己的名字。3岁幼儿首次会用"我"表达自己，对物品的占有欲越来越强烈，"自私"、凡事"以我为主"是这一时期幼儿身上的特点。孩子们如果一起玩，很容易争抢东西，甚至"动手"。家长不必为此大惊小怪，不要害怕孩子之间的争抢，也不要因此而责备孩子。但是也不能允许他这样发展下去，否则会养成独霸的习惯。成人要用循循善诱的方法，有意识地让孩子在矛盾中学习处理自己与他人的关系
情绪	更多地对小朋友展示自己友好的微笑，能和小朋友愉快地相处。哭，更多是由于"要求得不到满足""完成不了一件任务"等生活经验不足引起的。他们开始学习用表情去影响别人，并学会在不同的场合下，用不同方式表达同一情感。如在路上，不小心摔痛了，要是在父母面前可能"哇"的一声哭出来，如果在其他小朋友面前，则表现出勇敢、忍住不哭
性别角色	2岁幼儿能分辨根据他人身体的外在特征判断他人的性别。2岁半到3岁，绝大多数幼儿能准确地说出自己的性别。在游戏中，开始表现出女孩跟女孩玩、男孩跟男孩玩的同性别偏好

第六节 2～3岁幼儿的早期教育活动设计

一、活动1：水宝宝

（一）社会交往

材料准备： 仿真娃娃
教学过程：

1. 教师出示仿真娃娃，热情地向宝宝和家长们自我介绍

教师指导语：亲爱的宝宝和家长们，很高兴认识大家。我是你们的××老师。欢迎大家来和老师一起做游戏。

2. 邀请宝宝做自我介绍

教师指导语：下面从老师的左手边开始，请叫到名字的宝宝喊"到"，并走到老师前面做自我介绍，介绍自己的大名、小名、性别、年龄，最后要有礼貌地说一声"谢谢"。

（二）语言认知：儿歌《小水滴变形记》

材料准备： 儿歌《小水滴变形记》挂图、教具（图5-1）
教学过程：

1. 教师出示儿歌挂图，为宝宝和家长们范读儿歌

教师指导语：老师带来了一首好听的儿歌《小水滴变形记》，一起来听听吧！

小水滴，爱变形，飞天变成水蒸气。

乘着风，变雨滴，钻入泥土润花朵。

要问水滴变什么？水蒸气、雨滴和露珠。

2. 教师操作道具，引导幼儿观察水滴的变化

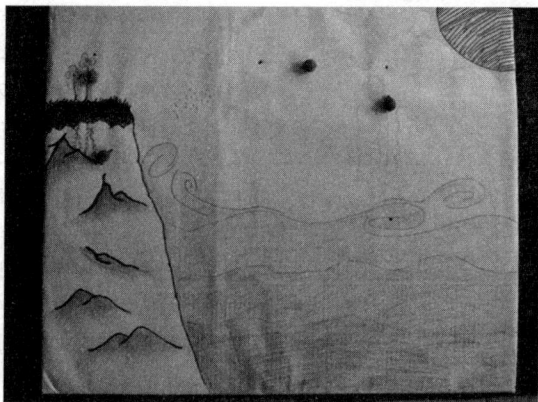

图 5-1

教师一边操作道具后面的吸铁石，一边引导宝宝观察水滴去哪里了，变成什么样儿了。

3. 家长和宝宝们一起朗读和表演

教师指导语：请家长在宝宝的身后跟着老师轻轻地说唱儿歌。

（三）走线环节

材料准备： 轻音乐、沙包

教学过程：

教师指导语：请家长们带着您的宝宝，我们一起跟着音乐来走线。（教师示范走线动作，双手叉腰，头顶沙包……）音乐声渐渐"走远"了，请家长们带着宝宝坐回原来的位置。

动作设计：双手叉腰，头顶沙包。

（四）精细动作：浇水

材料准备：荷花、水壶、玻璃杯、塑料板（图5-2）

教学过程：

1. 教师工作时间

教师指导语：接下来是××老师的工作时间。工作前，先取工作毯和工作用具。

（1）取工作毯：右手在上，左手在下，竖着放置工作毯。

（2）铺工作毯：左手按住毯子左边，右手轻轻向右拨开毯子，双手从上到下抚平工作毯3次，与蒙氏线对齐。

（3）取工作用具，介绍工作用具。

教师指导语：今天，老师分享的工作是"浇水"。这是一个水壶，这是两朵荷

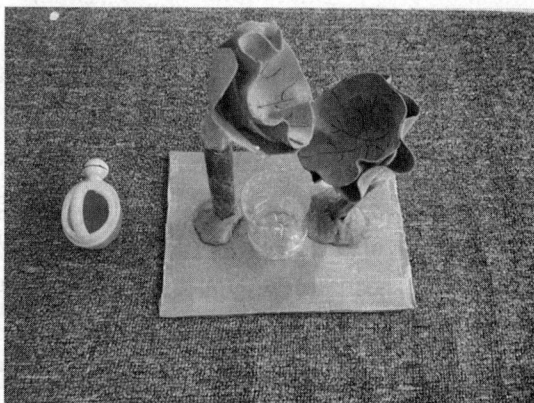

图 5-2

花。老师要做的工作就是把水倒在荷花上，请看老师是怎么做的。

教师示范动作：五指握住水壶手柄，对齐高处的荷花花朵，最后将水壶里的水倒在荷花上。

（4）教师工作结束，收工作用具。

2. 宝宝工作时间

教师指导语：下面，是宝宝的工作时间。请叫到名字的宝宝到老师这里来领取工作毯。取工作毯的时候，要说一声"谢谢"。

教师指导语：铺完工作毯的宝宝请到老师这里来取工作用具。取工作用具时，要说一声"谢谢"。

3. 教师观察、指导宝宝，并和家长们交流

教师指导语：距离工作结束还有一分钟的时间，请宝宝们抓紧时间。工作结束，收工作用具，送工作用具。

（五）音乐游戏：宝宝来喝水

材料准备：音乐《宝宝来喝水》

教学过程：

1. 欣赏音乐

教师指导语：今天，我们一起欣赏一首好听的歌曲《宝宝来喝水》。

2. 律动

教师指导语：请家长和宝宝们跟我一起有节奏地说唱歌词，并做动作。首先，请家长们坐在小凳子上，把宝宝放在自己的腿上。

动作设计：歌词中第一次说到"口渴了，要喝水"时，家长先拍一下宝宝的手，再颠两下腿；第二次说到"口渴了，要喝水"时，家长握住宝宝手手，做出拿水杯、喝水的动作。家长和宝宝们一起跟随音乐表演动作。

（六）感统游戏：拯救水精灵

材料准备： 3根绳子、水精灵玩具若干

教学过程：

教师指导语：现在是我们的感统游戏时间。今天，我们的游戏是"拯救水精灵"。现在，我来介绍一下游戏规则。

1. 宝宝要跨越3根绳子，这3根绳子由矮到高排列

2. 宝宝可以先双腿蹦过第一根绳子，然后蹲着走过第二根绳子，接着弯腰走过第三根绳子，最后到达对面圆圈内，拯救出水精灵

结束语：今天的活动结束了，欢迎宝宝和家长们参加下次活动。

二、活动2：穿衣服

（一）社会交往

材料准备： 仿真娃娃

教学过程：

1. 教师手持仿真娃娃，热情地向宝宝和家长们自我介绍

教师指导语：亲爱的宝宝和家长们，很高兴认识大家。我是你们的××老师。欢迎大家来和老师一起做游戏。

2. 教师邀请宝宝做自我介绍

教师指导语：下面，从老师的左手边开始，请叫到名字的宝宝喊"到"，并走到老师前面做自我介绍，介绍自己的大名、小名、性别、年龄，最后要有礼貌地说一声"谢谢"。

（二）语言认知：儿歌《穿衣服》

材料准备： 穿衣服教具（图5-3）、儿歌《穿衣服》挂图

教学过程：

1. 教师出示儿歌挂图，为宝宝和家长们范读儿歌

教师指导语：老师带来了一首好听的儿歌《穿衣服》，一起来听听吧！

天亮了，快起床。小衣服，穿身上。

小鞋子，穿脚上。哎呀呀，哎呀呀，

第五章 | 2~3岁幼儿早期教育活动的设计与实践

小花帽，不能忘，快点把它戴头上。

2. 教师一边操作教具一边朗读儿歌，引导宝宝注意衣服的名称和穿戴的位置

3. 家长和宝宝们一起操作和表演

教师指导语：请家长在宝宝的身后跟着老师轻轻地朗诵儿歌。

（三）走线环节

材料准备：轻音乐、乒乓球、平衡凹槽
教学过程：

教师指导语：请家长带着您的宝宝，我们一起跟着音乐来走线。（教师示范走线动作，双手捧着乒乓球……）音乐声渐渐"走远"了，请家长们带着宝宝坐回原来的位置。

动作设计：

1. 双手捧着乒乓球

2. 双手拿着平衡凹槽

图 5-3

（四）精细动作：穿衣服线

材料准备：小熊道具、线绳（图5-4）
教学过程：

1. 教师工作时间

教师指导语：接下来是××老师的工作时间。工作前，先取工作毯和工作用具。

（1）取工作毯：右手在上，左手在下，竖着放置工作毯。

（2）铺工作毯：左手按住毯子左边，右手轻轻向右拨开毯子，双手从上到下抚平工作毯3次，与蒙氏线对齐。

（3）取工作用具，介绍工作用具。

教师指导语：今天，老师分享的工作是"穿衣服线"。这是一只小熊，这是一根线绳。老师要做的工作就是把线绳穿到小熊的衣服上。请看老师是怎么做的。

图 5-4

教师示范动作：三指捏住线绳，对齐衣服上面的圆孔，将线绳穿过衣服上所有的小孔。

（4）教师工作结束，收工作用具。

135

2. 宝宝工作时间

教师指导语：下面是宝宝的工作时间。请叫到名字的宝宝到老师这里来领取工作毯。取工作毯的时候，要说一声"谢谢"。

教师指导语：铺完工作毯的宝宝请到老师这里来取工作用具。取工作用具时，要说一声"谢谢"。

3. 教师观察、指导宝宝，并和家长们交流

教师指导语：距离工作结束还有一分钟的时间，请宝宝们抓紧时间。工作结束，收工作用具，送工作用具。

（五）音乐游戏：小燕子

材料准备：音乐《小燕子》

教学过程：

1. 欣赏音乐

教师指导语：今天，我们一起欣赏一首好听的歌曲《小燕子》。

2. 律动

教师指导语：请家长和宝宝们跟我一起有节奏地说唱歌词，并做动作。

（1）请家长坐在小凳子上，把宝宝放在自己的腿上。

（2）动作设计：小燕子飞的动作。

（3）家长和宝宝们一起跟随音乐做动作。

（六）感统游戏：穿衣服

材料准备：衣服和裤子若干、布娃娃

教学过程：

教师指导语：现在是我们的感统游戏时间。今天，我们的游戏是"穿衣服"。现在，我来介绍游戏规则。

1. 宝宝练习给布娃娃穿衣服

2. 教师提供宝宝的衣服和裤子等，宝宝练习给自己穿衣服

结束语：今天的活动结束了，欢迎宝宝和家长们参加下次的活动。

三、活动 3：种植

（一）社会交往

材料准备：仿真娃娃

教学过程：

1. 教师手持仿真娃娃，热情地向宝宝和家长们自我介绍

教师指导语：亲爱的宝宝和家长们，很高兴认识大家。我是你们的××老师。欢迎大

家来和老师一起做游戏。

2. 邀请宝宝做自我介绍

教师指导语：下面，从老师的左手边开始，请叫到名字的宝宝喊"到"，并走到老师前面做自我介绍，介绍自己的大名、小名、性别、年龄，最后要有礼貌地说一声"谢谢"。

（二）语言认知：儿歌《植树歌》

材料准备： 植树教具（图 5-5）、儿歌《植树歌》挂图

教学过程：

1. 教师出示儿歌挂图，为宝宝和家长们范读儿歌

教师指导语：老师带来了一首好听的儿歌《植树歌》，一起来听听吧！

太阳照，花儿笑。

带水桶，扛小锹。

挖土坑，栽树苗。

把土填，用水浇。

小树苗，长得高。

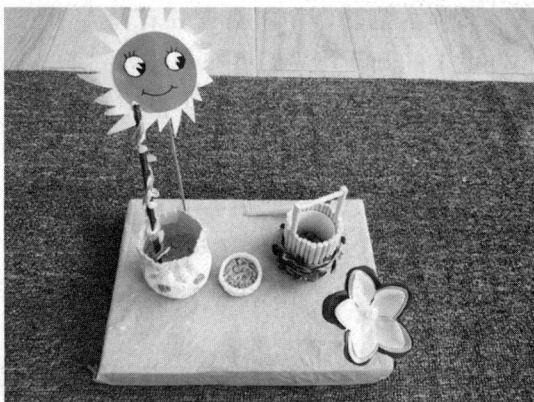

图 5-5

2. 教师按照儿歌的顺序一边操作教具一边朗读儿歌

3. 家长和宝宝们一起操作和表演

教师指导语：请家长在宝宝的身后跟着老师轻轻地说唱儿歌。

（三）走线环节

材料准备： 轻音乐、带绳子的沙包

教学过程：

教师指导语：请家长带着您的宝宝，我们一起跟着音乐来走线。（教师示范走线动作，一只手叉腰，另一只手拎着带绳子的沙包……）音乐声渐渐"走远"了，请家长们带着宝宝坐回原来的位置。

动作设计：一只手叉腰，另一只手拎着带绳子的沙包。

（四）精细动作：插花

材料准备： 插花教具（图 5-6）

教学过程：

1. 教师工作时间

教师指导语：接下来是××老师的工作时间。工作前，先取工作毯和工作用具。

（1）取工作毯：右手在上，左手在下，竖着放置工作毯。

（2）铺工作毯：左手按住毯子左边，右手轻轻向右拨开毯子，双手从上到下抚平工作毯3次，与蒙氏线对齐。

（3）取工作用具，介绍工作用具。

教师指导语：今天，老师分享的工作是"插花"。这是一个插花的花瓶，这是一个空花盆。老师要做的工作就是把花插到空花盆里。请看老师是怎么做的。

教师示范动作：两指捏住花茎，对齐空花盆上的圆孔，最后将花全部插满。

（4）教师工作结束，收工作用具。

图 5-6

2. 宝宝工作时间

教师指导语：下面是宝宝的工作时间。请叫到名字的宝宝到老师这里来领取工作毯。取工作毯的时候，要说一声"谢谢"。

教师指导语：铺完工作毯的宝宝请到老师这里来取工作用具。取工作用具时，要说一声"谢谢"。

3. 教师观察、指导宝宝，并和家长们交流

教师指导语：距离工作结束还有一分钟的时间，请宝宝们抓紧时间。工作结束，收工作用具，送工作用具。

（五）音乐游戏：植树歌

材料准备： 音乐《植树歌》、碰铃
教学过程：

1. 欣赏音乐

教师指导语：今天，我们一起欣赏一首好听的歌曲《植树歌》。

2. 打击乐活动

教师指导语：请家长和宝宝们跟我一起有节奏地说唱歌词。

（1）请家长坐在小凳子上，把宝宝放在自己的腿上。

（2）家长和宝宝们有节奏地朗诵儿歌。

（3）家长和宝宝们跟随音乐的节奏敲击碰铃。

（六）感统游戏：拎水桶

材料准备： 一根木棒、2个儿童用的小水桶
教学过程：

教师指导语：现在是感统游戏时间。今天，我们的游戏是"拎水桶"。现在，我来介绍游戏规则。

1. 教师示范动作：宝宝双手平举木棒，请家长帮忙将水桶挂在木棒两端，注意保持平衡

2. 宝宝模仿教师，从起点走到终点。提醒家长注意宝宝间隔的距离

结束语：今天的活动结束了，欢迎宝宝和家长们参加下次的活动。

四、活动 4：吃饭

（一）社会交往

材料准备：仿真娃娃

教学过程：

1. 教师手持仿真娃娃，热情地向宝宝和家长们自我介绍

教师指导语：亲爱的宝宝和家长们，很高兴认识大家。我是你们的××老师。欢迎大家来和老师一起做游戏。

2. 邀请宝宝做自我介绍

教师指导语：下面，从老师的左手边开始，请叫到名字的宝宝喊"到"，并走到老师前面做自我介绍，介绍自己的大名、小名、性别、年龄，最后要有礼貌地说一声"谢谢"。

（二）语言认知：儿歌《吃饭歌》

材料准备：勺子、小碗、吃饭道具（图 5-7）、儿歌《吃饭歌》挂图

教学过程：

1. 教师出示儿歌挂图，为宝宝和家长们范读儿歌

教师指导语：老师带来了一首好听的儿歌《吃饭歌》，一起来听听吧！

小熊吃饭先坐好。

小手拿勺碗扶牢。

小嘴细嚼慢慢咽，

一口一口全吃掉。

2. 教师一边操作教具一边朗读儿歌

3. 家长和宝宝们一起操作和表演

图 5-7

教师指导语：请家长在宝宝的身后跟着老师轻轻地说唱儿歌。

（三）走线环节

材料准备：轻音乐

教学过程：

教师指导语：请家长们带着您的宝宝，我们一起跟着音乐来走线。（教师示范走线动作，双手平放在头顶上……）音乐声渐渐"走远"了，请家长们带着宝宝坐回原来的位置。

动作设计：双手平放在头顶上。

（四）精细动作：爱吃饭的宝宝

材料准备：吃饭宝宝作业纸、空气黏土（图 5-8）

教学过程：

1. 教师工作时间

教师指导语：接下来是××老师的工作时间。工作前，先取工作毯和工作用具。

（1）取工作毯：右手在上，左手在下，竖着放置工作毯。

（2）铺工作毯：左手按住毯子左边，右手向右轻轻地拨开毯子，双手从上到下抚平工作毯 3 次，与蒙氏线对齐。

图 5-8

（3）取工作用具，介绍工作用具。

教师指导语：今天，老师分享的工作是"爱吃饭的宝宝"。这是"爱吃饭的宝宝"作业纸，这是空气黏土。老师要做的工作就是用空气黏土给宝宝做出面条来。请看老师是怎么做的。

教师示范动作：双手搓出面条，对齐作业纸的碗和宝宝的嘴巴，最后将面条全部放进碗里和宝宝嘴里。

（4）教师工作结束，收工作用具。

2. 宝宝工作时间

教师指导语：下面是宝宝的工作时间。请叫到名字的宝宝到老师这里来领取工作毯。取工作毯的时候，要说一声"谢谢"。

教师指导语：铺完工作毯的宝宝请到老师这里来取工作用具。取工作用具时，要说一声"谢谢"。

3. 教师观察、指导宝宝，并和家长们交流

教师指导语：距离工作结束还有一分钟的时间，请宝宝们抓紧时间。工作结束，收工作用具，送工作用具。

（五）音乐游戏：我是一粒米

材料准备：音乐《我是一粒米》、三角铁

教学过程：

1. 欣赏音乐

教师指导语：今天，我们一起欣赏一首好听的歌曲《我是一粒米》。

2. 打击乐活动

教师指导语：请家长和我一起有节奏地说唱歌词。

（1）请家长坐在小凳子上，把宝宝放在自己的腿上。

（2）家长和宝宝们有节奏地朗诵儿歌。

（3）家长和宝宝们跟随音乐节奏打击三角铁。

（六）感统游戏：运粮食

材料准备： 塑料瓶、沙子（代替米）、大小不同的钻圈

教学过程：

教师指导语：现在是我们的感统游戏时间。今天，我们的游戏是"运粮食"。现在，我来介绍一下游戏规则。

1. 教师将塑料瓶扎几个洞，在塑料瓶里放一半的沙子

2. 宝宝需要捧着瓶子，防止沙子从孔中漏下去

3. 宝宝站在跑道的一侧，从起点出发，通过障碍（钻圈），再跑到终点

结束语：今天的活动结束了，欢迎宝宝和家长们参加下次的活动。

五、活动5：篮球

（一）社会交往

材料准备： 仿真娃娃

教学过程：

1. 教师手持仿真娃娃，热情地向宝宝和家长们自我介绍

教师指导语：亲爱的宝宝和家长们，很高兴认识大家。我是你们的××老师。欢迎大家来和老师一起做游戏。

2. 邀请宝宝做自我介绍

教师指导语：下面，从老师的左手边开始，请叫到名字的宝宝喊"到"，并走到老师前面做自我介绍，介绍自己的大名、小名、性别、年龄，最后要有礼貌地说一声"谢谢"。

（二）语言认知：儿歌《篮球》

材料准备： 篮球、儿歌《篮球》挂图

教学过程：

1. 教师出示儿歌挂图，为宝宝和家长们范读儿歌

教师指导语：今天，老师给你们带来了一首好听的儿歌《篮球》。

小篮球，圆溜溜，拍一拍，投一投。

瞄准筐，看好球，投进篮，乐悠悠。

2. 家长和宝宝一起边读儿歌边做颠弹动作

教师指导语：请家长伸直双腿，让宝宝坐在家长的腿上。家长要跟着儿歌上下颠弹宝宝。说到儿歌最后一个字的时候，家长要把宝宝从两腿中间漏下去，并模仿投篮成功的动作。

（三）走线环节

材料准备：轻音乐

教学过程：

教师指导语：请家长带着您的宝宝，一起跟着音乐来走线。（教师示范走线动作，双手平放胸前……）音乐声渐渐"走远"了，请家长们带着宝宝坐回原来的位置。

动作设计：双手平放胸前。

（四）精细动作：投篮球

材料准备：投篮球材料（图 5-9）

教学过程：

1. 教师工作时间

教师指导语：接下来是××老师的工作时间。工作前，先取工作毯和工作用具。

（1）取工作毯：右手在上，左手在下，竖着放置工作毯。

（2）铺工作毯：左手按住毯子左边，右手轻轻向右拨开毯子，双手从上到下抚平工作毯3次，与蒙氏线对齐。

（3）取工作用具，介绍工作用具。

教师指导语：今天，老师分享的工作是"投篮球"。这是一个投篮器，这是3个篮球。老师要做的工作就是把篮球投进篮筐。请看老师是怎么做的。

教师示范动作：三指捏住篮球，放在投篮板上，对齐球筐，向下按篮球，最后将篮球全部投进球筐。

（4）教师工作结束，收工作用具。

2. 宝宝工作时间

教师指导语：下面是宝宝的工作时间。请叫到名字的宝宝到老师这里来领取工作毯。取工作毯的时候，要说一声"谢谢"。

图 5-9

教师指导语：铺完工作毯的宝宝请到老师这里来取工作用具。取工作用具时，要说一声"谢谢"。

3. 教师观察、指导宝宝，并和家长们交流

教师指导语：距离工作结束还有一分钟的时间，请宝宝们抓紧时间。工作结束，收工作用具，送工作用具。

（五）音乐游戏：我爱打篮球

材料准备：音乐《我爱打篮球》
教学过程：
1. 欣赏音乐

教师指导语：今天，我们一起欣赏一首好听的音乐《我爱打篮球》。

2. 律动

教师指导语：请家长和宝宝们跟我一起来做动作。

（1）请家长把宝宝放在腿上。
（2）动作设计：拍手、拍腿、伸腿、扭腰等热身动作，最后做投篮动作。
（3）家长和宝宝跟随音乐的节奏一起表演。

（六）感统游戏：投篮

材料准备：儿童投篮架、篮球若干
教学过程：

教师指导语：现在是我们的感统游戏时间。今天，我们的游戏是"投篮"。现在，我来介绍游戏规则。

1. 宝宝站在规定的位置，与篮球架有一定的距离，拿好篮球
2. 宝宝对准篮球架，定点投篮

结束语：今天的活动结束了，欢迎宝宝和家长们参加下次的活动。

六、活动6：小马

（一）社会交往

材料准备：仿真娃娃
教学过程：

1. 教师手持仿真娃娃，热情地向宝宝和家长们自我介绍

教师指导语：亲爱的宝宝和家长们，很高兴认识大家。我是你们的××老师。欢迎大家来和老师一起做游戏。

2. 邀请宝宝做自我介绍

教师指导语：下面从老师的左手边开始，请叫到名字的宝宝喊"到"，并走到老师前面做自我介绍，介绍自己的大名、小名、性别、年龄，最后要有礼貌地说一声"谢谢"。

（二）语言认知：儿歌《草原》

材料准备：草原图片、儿歌《草原》挂图

教学过程：

1. 教师出示儿歌挂图，为宝宝和家长们范读儿歌

教师指导语：老师带来了一首好听的儿歌《草原》，一起来听听吧！

白白的云儿飘呀飘，绿绿的草儿摇呀摇，

欢快的歌儿唱呀唱，快乐的马儿跑呀跑。

2. 家长和宝宝们一起边读儿歌边做颠弹动作

教师指导语：请家长伸直双腿，让宝宝坐在家长的腿上，我们一起做颠弹动作。

3. 家长和宝宝们一起跟随儿歌的节奏进行表演

（三）走线环节

材料准备：轻音乐

教学过程：

教师指导语：请家长们带着您的宝宝，一起跟着音乐来走线。（教师示范走线动作，双手叉腰……）音乐声渐渐"走远"了，请家长们带着宝宝坐回原来的位置。

动作设计：双手叉腰。

（四）精细动作：小马

材料准备：毛根、不织布小马（图 5-10）

教学过程：

1. 教师工作时间

教师指导语：接下来是××老师的工作时间。工作前，先取工作毯和工作用具。

（1）取工作毯：右手在上，左手在下，竖着放置工作毯。

（2）铺工作毯：左手按住毯子左边，右手轻轻向右拨开毯子，双手从上到下抚平工作毯 3 次，与蒙氏线对齐。

（3）取工作用具，介绍工作用具。

教师指导语：今天，老师分享的工作是"小马"。这是一根毛根，这是一匹小马。老师要做的工作就是把毛根穿到小马的身上。请看老师是怎么做的。

图 5-10

教师示范动作：两指捏住毛根，对齐不织布上的空隙，将毛根横穿过不织布。

（4）教师工作结束，收工作用具。

2. 宝宝工作时间

教师指导语：下面是宝宝的工作时间。请叫到名字的宝宝到老师这里来领取工作毯。取工作毯的时候，要说一声"谢谢"。

教师指导语：铺完工作毯的宝宝请到老师这里来取工作用具。取工作用具时，要说一声"谢谢"。

3. 教师观察、指导宝宝，并和家长们交流

教师指导语：距离工作结束还有一分钟的时间，请宝宝们抓紧时间。工作结束，收工作用具，送工作用具。

（五）音乐游戏：小马

材料准备：音乐《小马》

教学过程：

1. 欣赏音乐

教师指导语：今天，我们一起欣赏一首好听的歌曲《小马》。

2. 律动

教师指导语：请家长和宝宝们跟着我一起做律动动作。

（1）请家长把宝宝放在腿上。

（2）动作设计：白云飘、草儿摇、马儿吃草、马儿跑的动作。

（3）家长和宝宝们跟随音乐一起表演。

（六）感统游戏：小马过河

材料准备：滑板车

教学过程：

教师指导语：现在是我们的感统游戏时间。今天，我们的游戏是"小马过河"。我来介绍游戏规则。

1. 教师示范让滑板车向前滑行的动作

2. 宝宝俯趴在滑板车上，双手"划动"地面，让滑板车向前滑行

3. 宝宝划动滑板车，通过教师指定的小河区域

结束语：今天的活动结束了，欢迎宝宝和家长们参加下次的活动。

七、活动7：孔雀

（一）社会交往

材料准备：仿真娃娃

教学过程：

1. 教师手持仿真娃娃，热情地向宝宝和家长们自我介绍

教师指导语：亲爱的宝宝和家长们，很高兴认识大家。我是你们的××老师。欢迎大家来和老师一起做游戏。

2. 邀请宝宝做自我介绍

教师指导语：下面从老师的左手边开始，请叫到名字的宝宝喊"到"，并走到老师前面做自我介绍，介绍自己的大名、小名、性别、年龄，最后要有礼貌地说一声"谢谢"。

（二）语言认知：儿歌《孔雀》

材料准备：孔雀教具（图 5-11）、儿歌《孔雀》挂图

教学过程：

1. 教师出示儿歌挂图，为宝宝和家长们范读儿歌

教师指导语：老师带来了一首好听的儿歌《孔雀》，一起来听听吧！

小小孔雀爱洗澡，脱掉五彩花外套。

小小孔雀洗完澡，穿上五彩花外套。

孔雀开屏真美丽，大家都为它叫好！

2. 教师一边操作教具一边朗诵儿歌

教师指导语：请家长在宝宝身后轻声朗诵儿歌。

图 5-11

小小孔雀爱洗澡，脱掉五彩花外套（脱掉教具羽毛）。

小小孔雀洗完澡，穿上五彩花外套（粘上教具羽毛）。

孔雀开屏真美丽，大家都为它叫好（展示美丽的孔雀）！

3. 家长和宝宝们一起跟随儿歌的节奏操作孔雀教具

（三）走线环节

材料准备：轻音乐

教学过程：

教师指导语：请家长们带着您的宝宝，我们一起跟着音乐来走线。（教师示范走线动作，一只手叉腰，另一只手臂侧平举……）音乐声渐渐"走远"了，请家长们带着宝宝坐回原来的位置。

动作设计：一手叉腰，一只手臂侧平举。

（四）精细动作：雀翎对应粘贴

材料准备： 孔雀教具（图5-11）、雀翎贴扣

教学过程：

1. 教师工作时间

教师指导语：接下来是××老师的工作时间。工作前，先取工作毯和工作用具。

（1）取工作毯：右手在上，左手在下，竖着放置工作毯。

（2）铺工作毯：左手按住毯子左边，右手轻轻向右拨开毯子，双手从上到下抚平工作毯3次，与蒙氏线对齐。

（3）取工作用具，介绍工作用具。

教师指导语：今天，老师分享的工作是"雀翎对应粘贴"。这是一些雀翎（孔雀的羽毛），这是一只孔雀。老师需要把这些羽毛的颜色与孔雀身上羽毛的颜色相对应，然后贴上去。请看老师是怎么做的。

教师示范动作：三指捏住雀翎，对应颜色，最后将雀翎贴在正确的位置上。

（4）教师工作结束，收工作用具。

2. 宝宝工作时间

教师指导语：下面是宝宝的工作时间。请叫到名字的宝宝到老师这里来领取工作毯。取工作毯的时候，要说一声"谢谢"。

教师指导语：铺完工作毯的宝宝请到老师这里来取工作用具。取工作用具时，要说一声"谢谢"。

3. 教师观察、指导宝宝，并和家长们交流

教师指导语：距离工作结束还有一分钟的时间，请宝宝们抓紧时间。工作结束，收工作用具，送工作用具。

（五）音乐游戏：小孔雀告诉你

材料准备： 音乐《小孔雀告诉你》

教学过程：

1. 欣赏音乐

教师指导语：宝宝们，你们见过孔雀吗？孔雀美吗？今天，我们要做一个和孔雀有关的音乐小游戏"小孔雀告诉你"。

2. 唱歌

教师指导语：请家长、宝宝们和我一起来唱歌。

（1）教师范唱，宝宝初步感知歌曲2/4拍节奏的特点。

（2）教师示范2/4拍声势，拍手，平放，突出歌曲强弱的节拍特点。

（3）家长们带着宝宝跟随音乐一起演唱歌曲。

（六）感统游戏：孔雀开屏

材料准备：孔雀道具、孔雀羽毛（图 5-12）

教学过程：

教师指导语：现在是我们的感统游戏时间。今天，我们的游戏是"孔雀开屏"。现在，我来介绍游戏规则。

1. 教师介绍游戏环境

教师指导语：跑道的左边是孔雀羽毛，跑道的右边是一只没有羽毛的孔雀模型。

2. 教师介绍游戏规则

教师指导语：宝宝们需要将跑道左边的羽毛依次运送到右边的孔雀模型上，注意一次只能运送一根孔雀羽毛。

结束语：今天的活动结束了，欢迎宝宝和家长们参加下次的活动。

图 5-12

八、活动 8：爱劳动

（一）社会交往

材料准备：仿真娃娃

教学过程：

1. 教师手持仿真娃娃，热情地向宝宝和家长们自我介绍

教师指导语：亲爱的宝宝和家长们，很高兴认识大家。我是你们的××老师。欢迎大家来和老师一起做游戏。

2. 邀请宝宝做自我介绍

教师指导语：下面从老师的左手边开始，请叫到名字的宝宝喊"到"，并走到老师前面做自我介绍，介绍自己的大名、小名、性别、年龄，最后要有礼貌地说一声"谢谢"。

（二）语言认知：儿歌《宝宝爱劳动》

材料准备：《宝宝爱劳动》教具（图 5-13）、吸铁石、儿歌《宝宝爱劳动》挂图

教学过程：

1. 教师出示儿歌挂图，为宝宝和家长们范读儿歌

教师指导语：老师带来了一首好听的儿歌《宝宝爱劳动》，一起来听听吧！

我帮奶奶扫扫地，我帮爷爷浇浇花。

我帮爸爸擦桌子，我帮妈妈晾衣裳。

你要问我爱什么，我爱劳动人人夸。

2. 教师一边操作教具一边朗诵儿歌

3. 家长和宝宝们一起跟随儿歌的节奏进行操作

教师指导语：请家长在宝宝身后轻声朗诵儿歌。

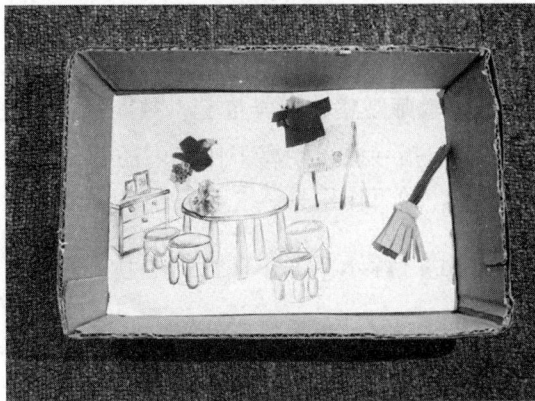

图 5-13

（三）走线环节

材料准备：轻音乐

教学过程：

教师指导语：请家长们带着您的宝宝，一起跟着音乐来走线。（教师示范走线动作，双手放在背后……）音乐声渐渐"走远"了，请家长们带着宝宝坐回原来的位置。

动作设计：双手放在背后。

（四）精细动作：系裤带

材料准备：系裤带材料（图 5-14）

教学过程：

1. 教师工作时间

教师指导语：接下来是××老师的工作时间。工作前，先取工作毯和工作用具。

（1）取工作毯：右手在上，左手在下，竖着放置工作毯。

（2）铺工作毯：左手按住毯子左边，右手轻轻向右拨开毯子，双手从上到下抚平工作毯 3 次，与蒙氏线对齐。

（3）取工作用具，介绍工作用具。

教师指导语：今天，老师分享的工作是"系裤带"。这是一条裤子，上面有裤带箍，这是裤带。老师要将裤带穿过裤带箍，请看老师是怎么做的。

图 5-14

教师示范动作：三指握住长条裤带，对齐裤带箍，将裤带穿过裤带箍。

（4）教师工作结束，收工作用具。

2. 宝宝工作时间

教师指导语：下面是宝宝的工作时间。请叫到名字的宝宝到老师这里来领取工作毯。取工作毯的时候，要说一声"谢谢"。

教师指导语：铺完工作毯的宝宝请到老师这里来取工作用具。取工作用具时，要说一声"谢谢"。

3. 教师观察、指导宝宝，并和家长们交流

教师指导语：距离工作结束还有一分钟的时间，请宝宝们抓紧时间。工作结束，收工作用具，送工作用具。

（五）音乐游戏：自己的事情自己做

材料准备： 音乐《自己的事情自己做》

教学过程：

1. 欣赏音乐

教师指导语：今天，我们一起欣赏一首好听的歌曲《自己的事情自己做》。

2. 律动

教师指导语：请家长和宝宝们跟我一起来做律动动作。

（1）请家长把宝宝放在腿上。

（2）动作设计：左边拍手，右边拍手，再做刷牙、洗脸、背书包、夸奖等动作。

（3）家长和宝宝们跟随音乐一起表演。

（六）感统游戏：系扣子和拉拉链比赛

材料准备： 宝宝自备的衣服

教学过程：

教师指导语：现在是我们的感统游戏时间。今天，我们的游戏是"系扣子和拉拉链比赛"。现在，我来介绍一下游戏规则。

1. 系扣子比赛

大家先拿出带有扣子的衣服，我们来比赛系扣子，看谁做得又快又好！

2. 拉拉链比赛

大家再把带有拉链的衣服拿出来，我们来比赛拉拉链，看谁做得又快又好！

结束语：今天的活动结束了，欢迎宝宝和家长们参加下次的活动。

九、活动 9：花园

（一）社会交往

材料准备： 仿真娃娃

教学过程：

1. 教师手持仿真娃娃，热情地向宝宝和家长们自我介绍

教师指导语：亲爱的宝宝和家长们，很高兴认识大家。我是你们的××老师。欢迎大家来和老师一起做游戏。

2. 邀请宝宝做自我介绍

教师指导语：下面从老师的左手边开始，请叫到名字的宝宝喊"到"，并到老师前面做自我介绍，介绍自己的大名、小名、性别、年龄，最后要有礼貌地说一声"谢谢"。

（二）语言认知：儿歌《花园》

材料准备：《花园》教具（图 5-15）、儿歌《花园》挂图

教学过程：

1. 教师出示儿歌挂图，为宝宝和家长们范读儿歌

教师指导语：老师带来了一首好听的儿歌《花园》，一起来听听吧！

花园花园真美丽，小朋友们玩游戏。

小树苗，点点头，小花猫，喵喵叫。

小蝴蝶，飞呀飞，小朋友，笑呀笑。

2. 教师一边操作教具一边朗诵儿歌

3. 家长和宝宝们一起跟随儿歌的节奏进行操作和表演

教师指导语：请家长在宝宝身后轻声朗诵儿歌。

图 5-15

（三）走线环节

材料准备：轻音乐、三角形积木

教学过程：

教师指导语：请家长们带着您的宝宝，我们一起跟着音乐来走线。（教师示范走线动作，双手捧着三角形积木……）音乐声渐渐"走远"了，请家长们带着宝宝坐回原来的位置。

动作设计：双手捧着三角形积木。

（四）精细动作：夹蜜蜂

材料准备：木质夹子、蜂巢玩具（图 5-16）

教学过程：

1. 教师工作时间

教师指导语：接下来是××老师的工作时间。工作前，先取工作毯和工作用具。

（1）取工作毯：右手在上，左手在下，竖着放置工作毯。

图 5-16

（2）铺工作毯：左手按住毯子左边，右手轻轻向右拨开毯子，双手从上到下抚平工作毯 3 次，与蒙氏线对齐。

（3）取工作用具，介绍工作用具。

教师指导语：今天，老师分享的工作是"夹蜜蜂"。这是一个夹子，这是一个蜂巢。老师要将蜜蜂夹进蜂巢，请看老师是怎么做的。

教师示范动作：三指捏住夹子，最后将蜜蜂全部夹进蜂巢。

（4）教师工作结束，收工作用具。

2. 宝宝工作时间

教师指导语：下面是宝宝的工作时间。请叫到名字的宝宝到老师这里来领取工作毯。取工作毯的时候，要说一声"谢谢"。

教师指导语：铺完工作毯的宝宝请到老师这里来取工作用具。取工作用具时，要说一声"谢谢"。

3. 教师观察、指导宝宝，并和家长们交流

教师指导语：距离工作结束还有一分钟的时间，请宝宝们抓紧时间。工作结束，收工作用具，送工作用具。

（五）音乐游戏：小蜜蜂

材料准备： 音乐《小蜜蜂》

教学过程：

1. 欣赏音乐

教师指导语：今天，我们一起欣赏一首好听的歌曲《小蜜蜂》。

2. 集体舞

教师指导语：请家长和宝宝们跟我一起来跳舞。

（1）按照音乐的节拍顺时针和逆时针跳圆圈舞。唱到"嗡嗡嗡"的时候，家长们要把宝宝举起来。

（2）教师带领宝宝和家长们有节奏地做一遍动作。

（3）家长们带着宝宝跟随音乐一起表演集体舞。

（六）感统游戏：找花朵

材料准备： 花朵、花园道具、平衡木

教学过程：

教师指导语：现在是我们的感统游戏时间。今天，我们的游戏是"找花朵"。现在，我来介绍一下游戏规则。

1. 宝宝通过障碍平衡木，寻找藏在教室里的花朵

2. 宝宝找到花朵，将花朵放进花园里

结束语：今天的活动结束了，欢迎宝宝和家长们参加下次的活动。

十、活动 10：《咏鹅》

（一）社会交往

材料准备：仿真娃娃

教学过程：

1. 教师手持仿真娃娃，热情地向宝宝和家长们自我介绍

教师指导语：亲爱的宝宝和家长们，很高兴认识大家。我是你们的××老师。欢迎大家来和老师一起做游戏。

2. 邀请宝宝做自我介绍

教师指导语：下面从老师的左手边开始，请叫到名字的宝宝喊"到"，并走到老师前面做自我介绍，介绍自己的大名、小名、性别、年龄，最后要有礼貌地说一声"谢谢"。

（二）语言认知：儿歌《一群大白鹅》

材料准备：《一群大白鹅》教具（图 5-17）、儿歌《一群大白鹅》挂图

教学过程：

1. 教师出示儿歌挂图，为宝宝和家长们范读儿歌

教师指导语：老师带来了一首好听的儿歌《一群大白鹅》，一起来听听吧！

一群大白鹅，心情真快乐。

快来数一数，一共几只鹅？

1、2、3、4、5、6、7，游呀游过河。

2. 教师一边操作教具一边朗诵儿歌

3. 家长和宝贝一起跟随儿歌的节奏进行操作和表演

教师指导语：请家长在宝宝身后轻声朗诵儿歌。

图 5-17

（三）走线环节

材料准备：轻音乐、指套（可以套在中指上，下面悬挂小球）

教学过程：

教师指导语：请家长们带着您的宝宝，我们一起跟着音乐来走线。（教师示范走线动作，一只手叉腰，另一只手中指套上指套……）音乐声渐渐"走远"了，请家长们带着宝宝坐回原来的位置。

动作设计：一只手叉腰，另一只手中指套上指套。

（四）精细动作：吸管回家

材料准备：吸管回家教具（图 5-18）

教学过程：

1. 教师工作时间

教师指导语：接下来是××老师的工作时间。工作前，先取工作毯和工作用具。

（1）取工作毯：右手在上，左手在下，竖着放置工作毯。

（2）铺工作毯：左手按住毯子左边，右手轻轻向右拨开毯子，双手从上到下抚平工作毯 3 次，与蒙氏线对齐。

（3）取工作用具，介绍工作用具。

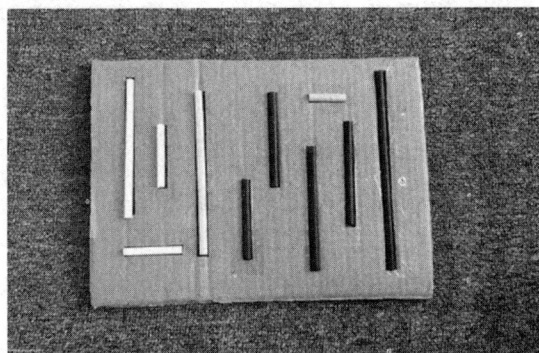

图 5-18

教师指导语：今天，老师分享的工作是"吸管回家"。这是吸管的"家"，这是许多长短不一的吸管。老师要将吸管送回"家"，请看老师是怎么做的。

教师示范动作：三指捏住吸管，对比吸管和凹槽的形状、长短，最后将吸管送回"家"。

（4）教师工作结束，收工作用具。

2. 宝宝工作时间

教师指导语：下面是宝宝的工作时间。请叫到名字的宝宝到老师这里来领取工作毯。取工作毯的时候，要说一声"谢谢"。

教师指导语：铺完工作毯的宝宝请到老师这里来取工作用具。取工作用具时，要说一声"谢谢"。

3. 教师观察、指导宝宝，并和家长们交流

教师指导语：距离工作结束还有一分钟的时间，请宝宝抓紧时间。工作结束，收工作用具，送工作用具。

（五）音乐游戏：咏鹅

材料准备：音乐《咏鹅》

教学过程：

1. 欣赏音乐

教师指导语：今天，我们一起欣赏一首好听的歌曲《咏鹅》。

2. 唱歌

教师指导语：请家长和宝宝们跟我一起唱歌。

（1）教师范唱，宝宝初步感知歌曲 4/4 拍的节奏特点。

（2）教师示范 4/4 拍声势，拍手、平放，拍肩、平放，突出强弱、次强弱的节拍特点。

（3）家长们带着宝宝跟随音乐一起演唱歌曲。

（六）感统游戏：赶鹅过河

材料准备：呼啦圈、足球

教学过程：

教师指导语：现在是我们的感统游戏时间。今天，我们的游戏是"赶鹅过河"。现在，我来介绍一下游戏规则。

1. 每个宝宝得到一个呼啦圈和一个足球

2. 宝宝先用呼啦圈套住球，再将球用呼啦圈赶到教师指定的区域

结束语：今天的活动结束了，欢迎宝宝和家长们参加下次的活动。

十一、活动 11：龟兔赛跑

（一）社会交往

材料准备：仿真娃娃

教学过程：

1. 教师手持仿真娃娃，热情地向宝宝和家长们自我介绍

教师指导语：亲爱的宝宝和家长们，很高兴认识大家。我是你们的××老师。欢迎大家来和老师一起玩游戏。

2. 邀请宝宝做自我介绍

教师指导语：下面从老师的左手边开始，请叫到名字的宝宝喊"到"，并走到老师前面做自我介绍，介绍自己的大名、小名、性别、年龄，最后要有礼貌地说一声"谢谢"。

（二）语言认知：儿歌《龟兔赛跑》

材料准备：龟兔赛跑教具（图 5-19）、儿歌《龟兔赛跑》挂图

教学过程：

1. 教师出示儿歌挂图，为宝宝和家长们范读儿歌

教师指导语：老师带来了一首好听的儿歌《龟兔赛跑》，一起来听听吧！

乌龟兔子要赛跑，小动物们看热闹。

小兔子，前面跑，小乌龟，后面追。

小兔树下来睡觉，呼噜噜，呼噜噜。

图 5-19

乌龟不停往前爬，嘿呦呦，嘿呦呦。

小朋友，真聪明，猜猜谁是第一名？

2. 教师一边操作教具一边朗诵儿歌

3. 家长和宝宝一起跟随儿歌的节奏进行操作和表演

教师指导语：请家长在宝宝身后轻声朗诵儿歌。

（三）走线环节

材料准备：轻音乐、乒乓球、勺子

教学过程：

教师指导语：请家长们带着您的宝宝，一起跟着音乐来走线。（教师示范走线动作，双手拿着盛着乒乓球的勺子……）音乐声渐渐"走远"了，请家长们带着宝宝坐回原来的位置。

动作设计：双手拿着盛着乒乓球的勺子。

（四）精细动作：小兔路线

材料准备：小兔路线教具（图5-20）

教学过程：

1. 教师工作时间

教师指导语：接下来是××老师的工作时间。工作前，先取工作毯和工作用具。

（1）取工作毯：右手在上，左手在下，竖着放置工作毯。

（2）铺工作毯：左手按住毯子左边，右手轻轻向右拨开毯子，双手从上到下抚平工作毯3次，与蒙氏线对齐。

（3）取工作用具，介绍工作用具。

教师指导语：今天，老师分享的工作是"小兔路线"。这是两只小兔，这是一根线。老师要将线穿进吸管，形成一条路线，让大兔子帮小兔子一起拔萝卜，请看老师是怎么做的。

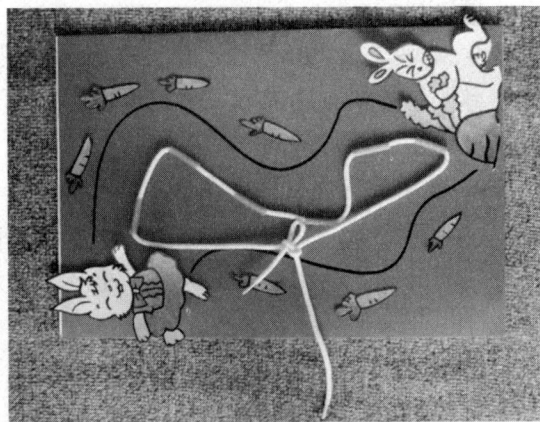

图 5-20

教师示范动作：三指捏住线，最后穿过全部吸管，形成路线。

（4）教师工作结束，收工作用具。

2. 宝宝工作时间

教师指导语：下面是宝宝的工作时间。请叫到名字的宝宝到老师这里来领取工作毯。取工作毯的时候，要说一声"谢谢"。

教师指导语：铺完工作毯的宝宝请到老师这里来取工作用具。取工作用具时，要说一声"谢谢"。

3. 教师观察、指导宝宝，并和家长们交流

教师指导语：距离工作结束还有一分钟的时间，请宝宝们抓紧时间。工作结束，收工作用具，送工作用具。

（五）音乐游戏：身体音阶歌

材料准备：音乐《身体音阶歌》

教学过程：

1. 欣赏音乐

教师指导语：今天，我们一起欣赏一首好听的歌曲《身体音阶歌》。

2. 律动

教师指导语：请家长和宝宝们跟我一起来做律动动作。

（1）请家长把宝宝放在腿上。

（2）动作设计：摸小脚、摸膝盖、拍双腿、叉腰、拍手、拍肩、摸头、举手等动作。

（3）家长和宝宝们跟随音乐一起表演。

（六）感统游戏：帽子运球跑

材料准备：帽子、小皮球

教学过程：

教师指导语：现在是我们的感统游戏时间。今天，我们的游戏是"帽子运球跑"。现在，我来介绍一下游戏规则。

1. 每个宝宝拿一顶帽子和一个小皮球

2. 宝宝将小皮球放在帽子里，再将帽子戴在头顶，然后从起点走到终点。如果球从帽子里掉出来，就回到起点，重新开始

结束语：今天的活动结束了，欢迎宝宝和家长们参加下次的活动。

十二、活动 12：洗衣服

（一）社会交往

材料准备：仿真娃娃

教学过程：

1. 教师手持仿真娃娃，热情地向宝宝和家长们自我介绍

教师指导语：亲爱的宝宝和家长们，很高兴认识大家。我是你们的××老师。欢迎大家来和老师一起做游戏。

2. 邀请宝宝做自我介绍

教师指导语：下面从老师的左手边开始，请叫到名字的宝宝喊"到"，并走到老师前面做自我介绍，介绍自己的大名、小名、性别、年龄，最后要有礼貌地说一声"谢谢"。

（二）语言认知：儿歌《洗衣机转呀转》

材料准备：《洗衣机转呀转》教具（图 5-21）、儿歌《洗衣机转呀转》挂图

教学过程：

1. 教师出示儿歌挂图，为宝宝和家长们范读儿歌

教师指导语：接下来，老师带来了一首好听的儿歌《洗衣机转呀转》，一起来听听吧！

洗衣机，真神奇，脏衣服，扔进去。

转呀转，洗呀洗，脏衣服，变干净！

2. 教师一边操作教具一边朗诵儿歌

3. 家长和宝宝一起跟随儿歌的节奏进行操作和表演

教师指导语：请家长在宝宝身后轻声朗诵儿歌。

图 5-21

（三）走线环节

材料准备：轻音乐、乒乓球、勺子

教学过程：

教师指导语：请家长们带着您的宝宝，我们一起跟着音乐来走线。（教师示范走线动作，一只手叉腰，另一只手拿盛着乒乓球的勺子……）音乐声渐渐"走远"了，请家长们带着宝宝坐回原来的位置。

动作设计：一只手叉腰，另一只手拿盛着乒乓球的勺子。

（四）精细动作：晾袜子

材料准备：小衣架、小袜子（图 5-22）

教学过程：

1. 教师工作时间

教师指导语：接下来是××老师的工作时间。工作前，先取工作毯和工作用具。

（1）取工作毯：右手在上，左手在下，竖着放置工作毯。

（2）铺工作毯：左手按住毯子左边，右手轻轻向右拨开毯子，双手从上到下抚平工作毯 3 次，与蒙氏线对齐。

（3）取工作用具，介绍工作用具。

教师指导语：今天，老师分享的工作是"晾袜子"。这是一个衣架，这是一双袜子。老师要将袜子夹在衣架上，请看老师是怎么做的。

教师示范动作：三指捏住衣架夹子，另一只手将袜子塞进夹子的缝隙里，松开夹子。

（4）教师工作结束，收工作用具。

2. 宝宝工作时间

教师指导语：下面是宝宝的工作时间。请叫到名字的宝宝到老师这里来领取工作毯。取工作毯的时候，要说一声"谢谢"。

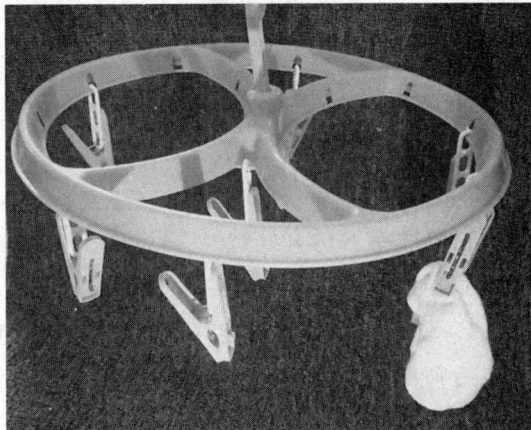

图 5-22

教师指导语：铺完工作毯的宝宝请到老师这里来取工作用具。取工作用具时，要说一声"谢谢"。

3. 教师观察、指导宝宝，并和家长们交流

教师指导语：距离工作结束还有一分钟的时间，请宝宝抓紧时间。工作结束，收工作用具，送工作用具。

（五）音乐游戏：洗手绢

材料准备：音乐《洗手绢》、手绢若干
教学过程：

1. 欣赏音乐

教师指导语：今天，我们一起欣赏一首好听的歌曲《洗手绢》。

2. 律动

教师指导语：请家长和宝宝们跟我一起来做律动动作。

（1）请家长把宝宝放在腿上。

（2）动作设计：洗手绢、晾手绢动作。

（3）家长们带着宝宝跟随音乐一起表演。

（六）感统游戏：转呀，转呀，转呀

材料准备：直线路径、圆圈路径
教学过程：

教师指导语：现在是我们的感统游戏时间。今天，我们的游戏是"转呀，转呀，转呀"。现在，我来介绍一下游戏规则。

1. 当教师读到"转呀，转呀，转呀"时，宝宝转圈

2. 教师指令停止，宝宝沿直线前进

结束语：今天的活动结束了，欢迎宝宝和家长们参加下次的活动。

十三、活动 13：自然

（一）社会交往

材料准备：仿真娃娃

教学过程：

1. 教师手持仿真娃娃，热情地向宝宝和家长们自我介绍

教师指导语：亲爱的宝宝和家长们，很高兴认识大家。我是你们的××老师。欢迎大家来和老师一起做游戏。

2. 邀请宝宝做自我介绍

教师指导语：下面从老师的左手边开始，请叫到名字的宝宝喊"到"，并走到老师前面做自我介绍，介绍自己的大名、小名、性别、年龄，最后要有礼貌地说一声"谢谢"。

（二）语言认知：儿歌《小燕子》

材料准备：小燕子教具（图 5-23）、儿歌《小燕子》挂图

教学过程：

1. 教师出示儿歌挂图，为宝宝和家长们范读儿歌

教师指导语：老师带来了一首好听的儿歌《小燕子》，一起来听听吧！

小燕子，黑白衣，

春天到，来这里，

好风景，真美丽！

2. 教师一边操作教具一边朗诵儿歌

3. 家长和宝宝们一起跟随儿歌的节奏进行操作和表演

教师指导语：请家长在宝宝身后轻声朗诵儿歌。

图 5-23

（三）走线环节

材料准备：轻音乐、纱巾

教学过程：

教师指导语：请家长们带着您的宝宝，我们一起跟着音乐来走线。（教师示范走线动作，双手拉直纱巾……）音乐声渐渐"走远"了，请家长们带着宝宝坐回原来的位置。

动作设计：双手拉直纱巾。

（四）精细动作：小草生长

材料准备：花盆模具、吸水涨发子弹、小草模型、喷壶（图5-24）

教学过程：

1. 教师工作时间

教师指导语：接下来是××老师的工作时间。工作前，先取工作毯和工作用具。

（1）取工作毯：右手在上，左手在下，竖着放置工作毯。

（2）铺工作毯：左手按住毯子左边，右手轻轻向右拨开毯子，双手从上到下抚平工作毯3次，与蒙氏线对齐。

图 5-24

（3）取工作用具，介绍工作用具。

教师指导语：今天，老师分享的工作是"小草生长"。这是一个装有小草种子的花盆，这是一个装满水的壶。老师要将水倒进花盆里，请看老师是怎么做的。

教师示范动作：五指握住水壶的手柄，对齐花盆口，将水倒进花盆，一会儿小草就会长出来。

（4）教师工作结束，收工作用具。

2. 宝宝工作时间

教师指导语：下面是宝宝的工作时间。请叫到名字的宝宝到老师这里来领取工作毯。取工作毯的时候，要说一声"谢谢"。

教师指导语：铺完工作毯的宝宝请到老师这里来取工作用具。取工作用具时，要说一声"谢谢"。

3. 教师观察，指导宝宝，并和家长们交流

教师指导语：距离工作结束还有一分钟的时间，请宝宝们抓紧时间。工作结束，收工作用具，送工作用具。

（五）音乐游戏：雨天和晴天

材料准备：音乐《雨天和晴天》、小鼓、沙锤

教学过程：

1. 欣赏音乐

教师指导语：今天，我们一起欣赏一首好听的歌曲《雨天和晴天》。

2. 打击乐

教师指导语：请家长、宝宝们和我一起来进行打击乐活动。

（1）教师和家长打节拍，一组代表雨天，一组代表晴天。

（2）雨天组打击小鼓，晴天组打击沙锤。

（3）家长带着宝宝跟随音乐一起打击乐器。

（六）感统游戏：下雨搬家

材料准备：海洋球、背篓

教学过程：

教师指导语：现在是我们的感统游戏时间。今天，我们的游戏是"下雨搬家"。现在，我来介绍游戏规则。

1. 宝宝分两组，排好队。每个宝宝把背篓背在背上

2. 当教师说到"下雨了"的时候，宝宝沿直线爬到指定区域，把海洋球装进背篓

3. 宝宝沿着直线走回原地，将背篓里的海洋球拿出来，轮到下一个宝宝游戏

结束语：今天的活动结束了，欢迎宝宝和家长们参加下次的活动。

十四、活动 14：娃娃

（一）社会交往

材料准备：仿真娃娃

教学过程：

1. 教师手持仿真娃娃，热情地向宝宝和家长们进行自我介绍

教师指导语：亲爱的宝宝和家长们，很高兴认识大家。我是你们的××老师。欢迎大家来和老师一起玩游戏。

2. 邀请宝宝做自我介绍

教师指导语：下面从老师的左手边开始，请叫到名字的宝宝喊"到"，并走到老师前面做自我介绍，介绍自己的大名、小名、性别、年龄，最后要有礼貌地说一声"谢谢"。

（二）语言认知：儿歌《套娃》

材料准备：套娃教具（图 5-25）、儿歌《套娃》挂图

教学过程：

1. 教师出示儿歌挂图，为宝宝和家长们范读儿歌

教师指导语：老师带来了一首好听的儿歌《套娃》，一起来听听吧！

漂亮套娃真奇妙，没有手脚肚子大。

肚里藏着许多娃，从大到小站一排。

大姐姐，小妹妹，相亲相爱是一家。

2. 教师一边操作教具一边朗诵儿歌

3. 家长和宝宝们一起跟随儿歌的节奏

图 5-25

进行操作和表演

教师指导语：请家长们在宝宝身后轻声朗诵儿歌。

（三）走线环节

材料准备：轻音乐、纱巾

教学过程：

教师指导语：请家长们带着您的宝宝，一起跟着音乐来走线。（教师示范走线动作，双手托举、拉直纱巾……）音乐声渐渐"走远"了，请家长们带着宝宝坐回原来的位置。

动作设计：双手托举、拉直纱巾。

（四）精细动作：套娃

材料准备：套娃材料

教学过程：

1. 教师工作时间

教师指导语：接下来是××老师的工作时间。工作前，先取工作毯和工作用具。

（1）取工作毯：右手在上，左手在下，竖着放置工作毯。

（2）铺工作毯：左手按住毯子左边，右手轻轻向右拨开毯子，双手从上到下抚平工作毯3次，与蒙氏线对齐。

（3）取工作用具，介绍工作用具。

教师指导语：今天，老师分享的工作是"套娃"。这是套娃，请看老师是怎么做的。

教师示范动作：五指握，分开套娃，按照头摆在前面、身体摆在后面的顺序依次摆放，头和身体合在一起，变成一个完整的套娃，比较大和小，按照刚才的顺序把几个套娃变成一个大套娃。

（4）教师工作结束，收工作用具。

2. 宝宝工作时间

教师指导语：下面是宝宝的工作时间。请叫到名字的宝宝到老师这里来领取工作毯。取工作毯的时候要说一声"谢谢"。

教师指导语：铺完工作毯的宝宝请到老师这里来取工作用具。取工作用具时，要说一声"谢谢"。

3. 教师观察、指导宝宝，并和家长们交流

教师指导语：距离工作结束还有一分钟的时间，请宝宝们抓紧时间。工作结束，收工作用具，送工作用具。

（五）音乐游戏：泥娃娃

材料准备：音乐《泥娃娃》、沙锤

教学过程：

1. 欣赏音乐

教师指导语：今天，我们一起欣赏一首好听的歌曲《泥娃娃》。

2. 打击乐

教师指导语：请家长和宝宝跟我一起用沙锤玩打击乐游戏。

（1）教师教宝宝和家长用 2/4 拍"强弱"的节奏晃动沙锤。

（2）晃动沙锤，朗诵歌词。

（3）晃动沙锤为歌曲伴奏。

（六）感统游戏：套娃娃

材料准备：套圈、套娃

教学过程：

教师指导语：现在是我们的感统游戏时间。今天，我们的游戏是"套娃娃"。现在，我来介绍一下游戏规则。

1. 宝宝站在规定的线后面

2. 宝宝将套圈投掷到套娃身上

结束语：今天的活动结束了，欢迎宝宝和家长们参加下次的活动。

十五、活动 15：小花

（一）社会交往

材料准备：仿真娃娃

教学过程：

1. 教师手持仿真娃娃，热情地向宝宝和家长们自我介绍

教师指导语：亲爱的宝宝和家长们，很高兴认识大家。我是你们的××老师。欢迎大家来和老师一起做游戏。

2. 邀请宝宝做自我介绍

教师指导语：下面从老师的左手边开始，请叫到名字的宝宝喊"到"，并走到老师前面做自我介绍，介绍自己的大名、小名、性别、年龄，最后要有礼貌地说一声"谢谢"。

（二）语言认知：儿歌《漂亮的小花》

材料准备：漂亮的小花教具（图 5-26）、儿歌《漂亮的小花》挂图

教学过程：

1. 教师出示儿歌挂图，为宝宝和家长们范读儿歌

教师指导语：老师带来了一首好听的儿歌《漂亮的小花》，一起来听听吧！

小小花，妈妈养盆小小花。

浇浇水，长出一片小叶子。

晒太阳，长出一片小叶子。

施施肥，开出一朵小红花。

2. 教师一边操作教具一边朗诵儿歌

3. 家长和宝宝一起跟随儿歌的节奏进行操作和表演

教师指导语：请家长在宝宝身后轻声朗诵儿歌。

（三）走线环节

材料准备：轻音乐

教学过程：

教师指导语：请家长们带着您的宝宝，一起跟着音乐来走线。（教师示范走线动作，双手搭在肩膀上……）音乐声渐渐"走远"了，请家长们带着宝宝坐回原来的位置。

动作设计：双手搭在肩膀上。

图 5-26

（四）精细动作：浇花

材料准备：大水杯、变色花、花瓶（图 5-27）

图 5-27

教学过程：

1. 教师工作时间

教师指导语：接下来是××老师的工作时间。工作前，先取工作毯和工作用具。

（1）取工作毯：右手在上，左手在下，竖着放置工作毯。

（2）铺工作毯：左手按住毯子左边，右手轻轻向右拨开毯子，双手从上到下抚平工作毯 3 次，与蒙氏线对齐。

（3）取工作用具，介绍工作用具。

教师指导语：今天，老师分享的工作是"浇花"。这是一个花瓶，这是一个大水杯。

花瓶里面有朵小花，花瓶上有一条"止水线"。今天，老师的工作是将大水杯里的水倒进花瓶里，给小花浇水。大家注意不要浇水过多，水位线不要超过花瓶上的"止水线"。请看老师是怎么做的。

教师指导语：大家注意观察花瓶里的花，看看花会有什么变化。

教师示范动作：五指握住大水杯手柄，对准花瓶口，将水倒入另一个花瓶。

（4）教师工作结束，收工作用具。

2. 宝宝工作时间

教师指导语：下面是宝宝的工作时间。请叫到名字的宝宝到老师这里来领取工作毯。取工作毯的时候，要说一声"谢谢"。

教师指导语：铺完工作毯的宝宝请到老师这里来取工作用具。取工作用具时，要说一声"谢谢"。

3. 教师观察、指导宝宝，并和家长们交流

教师指导语：距离工作结束还有一分钟的时间，请宝宝抓紧时间。工作结束，收工作用具、送工作用具。

（五）音乐游戏：花儿朵朵

材料准备：音乐《花儿朵朵》

教学过程：

1. 欣赏音乐

教师指导语：今天，我们一起欣赏一首好听的歌曲《花儿朵朵》。

2. 集体舞

教师指导语：请家长和宝宝们跟我一起来跳集体舞。

（1）请家长抱起您的宝宝，我们一起围成圆圈。

（2）动作设计：顺时针走，两个八拍；逆时针走，两个八拍；向中心慢慢走，一个八拍；再向后慢慢退，一个八拍；最后做花儿开放的动作。

（3）教师带领宝宝和家长们跟随音乐跳集体舞。

（六）感统游戏：跳花花

材料准备：呼啦圈、花、花瓶

教学过程：

教师指导语：现在是我们的感统游戏时间。今天，我们的游戏是"跳花花"。现在，我来介绍游戏规则。

1. 教师把呼啦圈摆好

2. 宝宝拿着花一个一个跳，从起点跳到终点

3. 宝宝跳到终点，把手里的花插到摆放在终点的花瓶里

结束语：今天的活动结束了，欢迎宝宝和家长们参加下次的活动。

参 考 文 献

[1]［瑞典］T·胡森，［德］T·N·波斯尔斯韦特．教育大百科全书学前教育［M］．重庆：西南师范大学出版社，2011：14.

[2] 李燕．学前儿童发展心理学［M］．上海：华东师范大学出版社，2008.

[3] 陈会昌，庞丽娟，申继亮，周建达．中国学前教育百科全书·心理发展卷［M］．沈阳：沈阳出版社，1995：121.

[4] 李利．蒙台梭利的教育［M］．北京：华夏出版社，2011：102.

[5] 林崇德．心理学大辞典［M］．上海：上海教育出版社，2003.

[6]［英］洛克．教育漫话［M］．毕慧慧，译．北京：北京出版社，2012.

[7] 肖少北，申自力，袁晓林．儿童发展与教育心理学［M］．北京：科学出版社，2016.

[8] 皮亚杰．发生认识论原理［M］．王宪钿等，译．北京：商务印书馆，1982.

[9] 左任侠，李其维．皮亚杰发生认识论文选［M］．上海：华东师范大学出版社，1981：32-33.

[10] 顾明远．教育大辞典［M］．第 1 版．上海：上海教育出版社，1990：198.

[11] 玛利亚·蒙台梭利．有吸收力的心理［M］．单中惠，译．济南：山东教育出版社．2018：25.

[12] 王振宇．儿童心理发展理论［M］第 5 版．上海：华东师范大学出版社，2016.

[13] K Ottenbacher，MA Short. Sensory integrative dysfunction in children：A review of theory and treatment［J］．Advance in development and theory and Behavioral Pediatrics，1985：287-329.

[14] 杨丽珠，刘文．毕生发展心理学［M］．北京：高等教育出版社，2006.

[15] 周念丽．0～3 岁儿童心理发展［M］．上海：复旦大学出版社，2017.

[16]［美］Laura E. Berk．伯克毕生发展心理学——0 岁到青少年［M］．第 4 版．陈会昌等，译．北京：中国人民大学出版社，2013.

[17]［美］Robert S. Feldman．儿童发展心理学［M］．第 6 版．苏彦捷等，译．北京：机械工业出版社，2015.

[18]［美］Gabriela Martorell．孩子，让我陪你一起成长［M］．寇彧，译．北京：人民邮电出版社，2016.

[19] 美］George S. Morrison．学前教育：从蒙台梭利到瑞吉欧［M］．第 11 版．祝莉丽等，译．北京：人民大学出版社，2014.

[20]［美］Burton L. White．从出生到 3 岁［M］．宋苗，译．北京：京华出版社，2007.

[21]［美］David R. Shafer．发展心理学——儿童与青少年（第六版）［M］．邹泓等，译．北京：中国轻工业出版社，2005.

[22]［美］John Medina．让孩子的大脑自由［M］．王佳艺，译．杭州：浙江人民出版社，2012.

[23]［日］松田道雄．育儿百科［M］．王少丽等，译．北京：华夏出版社，2002.

[24] 陈英和．发展心理学［M］．北京：北京师范大学出版社，2015.

[25] 陈雅芳．0～3 岁儿童心理发展与潜能开发［M］．上海：复旦大学出版社，2014.

[26] 陈春梅．0～3 岁儿童动作发展与训练［M］．上海：复旦大学出版社，2014.

[27] 罗家英．学前儿童发展心理学（第二版）［M］．北京：科学出版社，2011.

[28] 颜晓燕．0～3岁儿童语言与交往［M］．上海：复旦大学出版社，2014.

[29] 王惠萍，孙宏伟．儿童发展心理学［M］．北京：人民教育出版社，2010.

[30] 杨丽珠，吴文菊．幼儿社会性发展与教育［M］．大连：辽宁师范大学出版社，2000.

[31] 候魏魏．宝宝这一年：2岁，宝宝自我意识建立的关键期［M］．北京：北京理工大学出版社，2012.

[32] 李红艳，戴晓莉，白淑娟．小材料　大智慧：蒙台梭利教具的变化与延伸［M］．赤峰：内蒙古科学技术出版社，2012.

[33] 于真．0～3岁婴幼儿家庭教养需求分析及社区指导方案建构——以入户指导为例［D］．上海：上海师范大学，2016.

[34] 何慧华，曹未蔚，于真．美国入户指导形式的家庭早期教养支持项目分析及其借鉴［J］．学前教育研究，2017，8：46-55.

[35] 陈蓉．开展农村婴幼儿家庭早教入户指导的策略研究［J］．赤子，2014，20：227.

[36] 中华人民共和国教育部．0～6岁儿童发展的里程碑：儿童发育异常的自查手册［Z］．https://www.unicef.cn/reports/developmental-milestone-children-0-6-years.